SOURCES DU DROIT

PUBLIC ET COUTUMIER

DE LA

FLANDRE MARITIME

Par E. DE COUSSEMAKER

Correspondant de l'Institut,
Membre correspondant de l'Académie impériale de Vienne, Membre titulaire non-résidant
du Comité des travaux historiques, et des Sociétés savantes,
Associé de l'Académie Royale de Bruxelles,
Membre honoraire de la Société Royale des Antiquaires de Londres, etc.

1re SÉRIE

Extrait des ANNALES du *Comité Flamand de France*, tome XI.

LILLE

IMPRIMERIE DE LEFEBVRE-DUCROCQ

Rue Esquermoise, 57

1873

SOURCES DU DROIT

PUBLIC ET COUTUMIER

DE LA

FLANDRE MARITIME

E. DE COUSSEMAKER

Correspondant de l'Institut,
Membre correspondant de l'Académie impériale de Vienne, Membre titulaire non-résidant
du Comité des travaux historiques, et des Sociétés savantes,
Associé de l'Académie Royale de Bruxelles,
Membre honoraire de la Société Royale des Antiquaires de Londres, etc.

1re SÉRIE

LILLE

IMPRIMERIE DE LEFEBVRE-DUCROCQ

Rue Esquermoise, 57.

1873

SOURCES DU DROIT
PUBLIC ET COUTUMIER
DE LA
FLANDRE MARITIME

PRÉLIMINAIRE.

Les sources du droit public et coutumier de la Flandre maritime sont peu connues. Warnkœnig [1], Gheldolf [2], M. Ed. Le Glay [3] et quelques autres écrivains en ont mentionné un certain nombre; quelques chartes ont été publiées; mais les documents les plus importants sont restés inédits.

En publiant, en 1860, la *Keure* de Bergues, Bourbourg et Furnes [4], nous avons cherché à faire voir l'intérêt qui se rattache à l'histoire du droit public et coutumier de la Flandre maritime. Nous avons manifesté en même temps notre intention de mettre au jour les principaux documents sur cette matière. Un « Essai historique sur le Hoop [5] » ; une charte sur la Franche-Vérité de Bailleul, en 1434 [6], et un règlement sur un combat judiciaire à Cassel en 1396 [7], ont été successivement livrés à l'examen des érudits.

---

[1] FLANDRISCHE STAATS UND RECHTS GESCHICHTE.
[2] HISTOIRE de la Flandre et de ses institutions civiles et politiques.
[3] CHRONIQUE RIMÉE DES TROUBLES DE FLANDRE à la fin du XIVe siècle, appendice, p. 99 et suivantes.
[4] ANNALES du Comité flamand de France, t. v.
[5] MÉMOIRES de la Société des sciences et des arts de Lille, 1861.
[6] BULLETIN du Comité flamand de France, t. IV, p. 116.
[7] BULLETIN du Comité flamand de France, t. IV, p. 105.

Depuis lors, nous avons continué nos recherches ; elles ont amené la découverte d'un grand nombre de documents.

Nous n'avions d'abord que le projet de rassembler ceux qui concernent la justice civile et criminelle ; mais bientôt nous nous sommes aperçu qu'il y avait, entre ces juridictions et le droit féodal, des points de contact et d'attache tels qu'il était difficile de les séparer ou de ne pas en tenir largement compte. Notre cadre s'est ainsi trouvé considérablement agrandi. Il n'est plus possible de publier le tout d'un seul trait. Nous allons diviser ces matériaux, en groupant ensemble, autant que possible, ceux qui appartiennent soit à une même catégorie, soit à une même circonscription territoriale.

Ils se composent de statuts ou keures, de chartes, d'enquêtes, de décisions, d'arbitrages et d'autres pièces authentiques antérieures aux coutumes homologuées [1].

Nous donnerons *in extenso* tous les textes des XIIIe et XIVe siècles ; quand à ceux des XVe et XVIe siècles, nous nous bornerons à en donner un résumé analytique, en accompagnant ces analyses d'explications plus ou moins développées, selon leur importance.

Les pièces flamandes seront traduites, ou analysées assez amplement pour en faire connaître l'intérêt.

Sans vouloir entreprendre une histoire complète et détaillée du droit public et coutumier de la Flandre maritime, travail de longue haleine qui nous entraînerait au-delà des limites où nous devons rester, et qui d'ailleurs ne saurait être utilement entrepris que lorsqu'on sera en possession de tous les éléments, nous n'avons

---

[1] Par coutumes homologuées, nous entendons celles qui ont été promulguées par les souverains espagnols.

pas cru pourtant devoir laisser ces textes dans une sorte d'isolement, sans lien entr'eux, sans commentaires et sans appréciation. Plusieurs sont d'une importance trop considérable au point de vue de l'histoire pour qu'on n'en signale pas, tout d'abord et d'une manière particulière, certains points principaux. Il s'agit ici, on le sait, d'un pays où les libertés publiques et les franchises municipales ont joué un grand rôle, et où même elles se sont conservées plus longtemps et plus complètement qu'ailleurs. On y trouve, sur le caractère constitutif des lois et coutumes, des traces d'attributions qui remontent aux plus antiques usages des peuples de nos contrées. Tels sont notamment le *Statut des Enquêtes de Cassel* et le *Statut du Hoop d'Hazebrouck*.

CHATELLENIE DE CASSEL
STATUT DES ENQUÊTES DE CASSEL ET STATUT DU HOOP D'HAZEBROUCK

C'est par ces deux importants documents que nous ouvrons la publication de notre série de pièces inédites.

I
DESCRIPTION DU MANUSCRIT QUI LES CONTIENT

Le manuscrit qui contient ces deux documents est un petit cahier en parchemin de vingt feuillets, format à peu près in-8°, mesurant en hauteur 0,24^c, et en largeur 0,14^c. L'écriture est de la première moitié du XIVe siècle. Il repose aux Archives du département du Nord. Sur la couverture, également en parchemin, on lit : « Vieses coustumes de Cassel »; une main plus moderne a écrit plus bas : « Anciennes coustumes du bailliage de Cassel « qui se pratiquoient en 1276, 1280 et 1326 ».

En tête de la première page est écrit : « Apporté à « la Chambre des comptes par Fierabras Boids, auquel « maistre Thierry Le Roy l'avoit baillé le viie jour « d'octobre M CCCC XXVIII ».

Ce recueil comprend quatre documents :

LE PREMIER, rédigé en francais, porte pour titre : « Sachent tout chil qui sont et qui à venir sont, ke « teile est le loy et les jugemens des hommes des « de le baillie de Cassel, usées en l'an del Incarnation « M CC LXXVI ».

Ainsi que l'indique ce titre, c'est un ensemble d'articles de lois et de décisions judiciaires portant des dates différentes. Ce n'est pas un Statut, c'est un recueil d'us et de précédents qui servaient aux juges pour les sentences à rendre dans des cas analogues.

LE SECOND, aussi rédigé en français, a pour titre : « Che sont li Estatut ordonné en l'Enqueste faite à « Cassel, le quart jour de mois de jullé, l'an de Grâce « M CCC XXIIIJ, et juré par Jehan Tote, adonc bailli de « Cassel, par virtu d'une lettre dont la fourme est teile « qu'il s'enssuit. » Il finit par ces mots : « Explicit des « ENQUESTES dit BEZOUC ». [1]

Ce deuxième document a un tout autre caractère que le précédent. C'est un Statut qui embrasse non-seulement le pouvoir judiciaire et administratif, mais aussi le droit public, en ce qu'il a dans ses attributs le pouvoir réglementaire et législatif, ainsi que cela sera démontré plus loin. Le nom d'*Enquête* donné à ce *Statut* est assez vague ; il provient probablement de

---

[1] Une partie de ce Statut se trouve dans un rouleau de la Chambre des comptes, à Lille, n° 2131.

ce que, parmi les attributions judiciaires de ce statut, une des principales était la *Franche-Vérité*, à laquelle étaient appelés en témoignage les habitants de la contrée; les Enquêtes étant les formalités essentielles de ce cette haute-justice, il est vraisemblable qu'elles ont donné leur nom au Statut lui-même.

Le troisième, rédigé aussi en français, commence ainsi : « Chest chou qui fu ordené ou Mont d'Hazebroec, « par hommes et par eskevins, en l'an de l'Incarnation « m cc lxxvi, le merkedy devant le jour de la Magda- « laine. » Il se trouve placé à la fin du précédent; il ne se compose que de sept décisions prises au *Mont d'Hazebrouck*, par les hommes du Comte, réunis aux échevins du Hoop. Elles ont un caractère particulier que nous ferons ressortir plus loin.

Le quatrième, en flamand, commence ainsi : « Dit « zyn de Statuten gheordeneirt in den Hoop van Haze- « brouc, ghemaect te Hazebrouc den xi[en] dach van « marte int jaer van Gracien m ccc xxvi, bi Piederse « van der Delf, bailli van Cassele bi der virtuut van « eenen letteren dies de voorme es zulc, als hiernaer « volgt. » (Ce sont les Statuts délibérés au Hoop d'Hazebrouck, tenu à Hazebrouck, en l'an de Grâce 1326, sous Pierre Van der Delf, bailli de Cassel, en vertu de lettres dont le contenu suit.)

Ce statut, au point de vue de ses attributions, a le même caractère que le Statut des Enquêtes qui forme le deuxième document dont il vient d'être parlé ; avec cette différence que le Statut des Enquêtes est relatif à la juridiction des hommes du Comte et que le Statut du Hoop se rapporte à la juridiction des échevinages dans les limites dont il sera parlé.

« Le *Hoop* était une assemblée générale des échevins d'un certain nombre de communes indépendantes les unes des autres, mais liées ou associées entre elles dans un intérêt mutuel ou réciproque. »

II

INSTITUTION DU HOOP — SIGNIFICATION DE CE MOT

Comme cette institution est restée longtemps inconnue, nous ne croyons pas faire chose inutile en reproduisant une partie de ce que nous en avons dit ailleurs, d'autant plus que ce sera pour nous une occasion de faire certaines modifications que nous a suggérées une étude plus approfondie de la question :

L'institution désignée sous le nom de *Hoop* semble avoir été spéciale à la Flandre maritime ; du moins, les recherches que nous avons pu faire pour en découvrir l'existence ailleurs sont restées stériles. Aucun des écrivains qui ont traité du droit public et des institutions politiques et judiciaires de la Flandre n'en fait mention. Warnkœnig et Rapsaet, dans leurs savants ouvrages sur le droit public, n'en parlent pas. Ce qu'il y a même de plus remarquable, et ce qui peut paraître singulier, c'est que les dépôts d'archives des localités où cette institution a fonctionné n'en conservent pour ainsi dire aucun vestige. Cependant, elle a été en vigueur durant tout le moyen âge et pendant une partie de l'époque moderne ; elle n'a disparu totalement, comme on le verra plus loin, qu'avec la révolution de 1789 [1].

---

[1] Un de nos savants confrères, M. le chevalier de Burbure d'Anvers, nous a fait remarquer que les ordonnances arrêtées « par la réunion des délégués « du Comte avec les échevins d'Anvers et les autres ayant-droits, ordon- « nances, qu'on appelle ici les statuts du Hoop, étaient qualifiées à Anvers de

« Le mot *Hoop* est une expression flamande ayant diverses acceptions ; par rapport aux choses, il signifie tas, monceau : *een hoop koorn,* un tas, un monceau de blé ; par application aux animaux, il signifie troupeau : *een hoop scaepen,* un troupeau de moutons ; appliqué aux personnes, il signifie troupe, bande : *een hoop krygsvolk,* une troupe de soldats ; et par extension assemblée.

« Dans quelques documents, le mot *Hoop* est traduit en latin par *Cumulus,* et en français par *Mont.*

« La traduction latine n'est pas satisfaisante, car *cumulus* ne s'applique qu'aux choses. Quant au mot français *mont,* il est encore plus impropre à désigner une assemblée.

« Dans la charte de Cappellebrouc, le *Hoop* [1] est appelé *Conseil* de toute l'association du Brouck, *Consilium totius universitatis de Brocho, quod vulgariter dicitur Hop.*

« Au surplus, le latin *Cumulus* et le français *Mont* n'ont été employés que très accidentellement. Le mot *Hoop* a été usité dans presque tous les actes flamands, et souvent même dans les documents français et latins depuis le XIIIe siècle.

« *Turbe.* Les décisions prises par cette réunion étaient prises *Turbatim* ; les registres où on les inscrivait s'appellent *Turbeboeken.* Quelques réunions ont encore eu lieu au XVIIe siècle à Anvers. Ces décisions formaient le complément des Coutumes. » — La compétence et les attributions de ces réunions ne paraissent avoir eu rien de commun avec les attributions législatives de notre Hoop. Ces appellations et ces mentions n'avaient plus aucune signification réelle ; c'étaient de vaines formules qu'on maintenait par une sorte d'habitude, et peut-être pour rappeler des droits dont on était encore fier. On les trouve dans le préambule de la *Coutume de Cassel,* publiée à Anvers en 1576.

1 CARTULAIRE de Watten. — Essai sur le Hoop, p. 22.

III

ORIGINE DU HOOP. — SON FONCTIONNEMENT. — SA DISPARITION.

Avant d'examiner le caractère et les attributions du Hoop; avant d'indiquer le ressort territorial où il fonctionnait; avant de parler de ses attributions judiciaires, disons un mot de son origine et voyons les modifications qu'il a subies avant de disparaître.

Son origine, on la trouve dans l'une des plus anciennes traditions germaniques, dans ces assemblées où les tribus avaient coutume de traiter les affaires publiques. Tacite, dans son admirable livre sur les mœurs des Germains, raconte qu'à des jours marqués au commencement de la nouvelle ou de la pleine lune, les Germains s'assemblaient pour délibérer sur les affaires publiques et pour exercer le droit de haute-justice. Ils ne comptaient pas comme nous, dit Tacite, par jours, mais par nuits [1]. Cette tradition est conservée dans les statuts du Hoop. On y compte par nuits et non par jours [2].

Ce droit de s'assembler pour traiter les affaires nationales s'est conservé en Flandre. Sauf quelques modifications, il a traversé tout le moyen âge jusqu'à l'époque moderne où il s'est transformé en ce qui est la base du gouvernement anglais. Il était tellement considéré comme fondamental qu'on ne jugea pas nécessaire de l'insérer dans les *Keures* soumises à l'approbation du souverain. La Keure de Bergues, de Bourbourg et de Furnes, sanctionnée en 1240 par Thomas de Savoie, ne parle pas du Hoop qui unissait les trois villes. Mais une charte de Louis de Crécy, de 1332, citée par Meyer,

---

[1] Nec dierum numerum, ut nos, sed noctuum computant. GERM. C. XI.
[2] Voir les n°ˢ 2 et 3, page 237.

et par laquelle ce prince enlevait aux habitants de Furnes leur privilége d'alliance avec Bergues et Bourbourg, constate d'une manière formelle que le droit de Hoop existait alors au profit de ces trois villes [1]. Ce privilége et d'autres, qui avaient été confisqués en même temps leur furent rendus plus tard.

Les libertés communales! c'était la grande affaire des communes flamandes ; elles en étaient jalouses à l'excès ; le moindre soupçon qu'on pût porter atteinte à leurs prérogatives donnait naissance à des difficultés fréquentes entre elles et le souverain. Ces démêlés sans cesse envenimés par des discussions de famille entre les membres des comtes de Flandre, par les intérêts opposés des grandes corporations ou des grandes villes, par les intrigues et les rivalités de la France et de l'Angleterre, occasionnèrent les troubles funestes de la fin du XIVe siècle qui aboutirent à la bataille de Roosebeke qu'on peut considérer comme le tombeau des libertés flamandes, car sur le champ de bataille même Louis de Male exigea que toutes les villes de Flandre lui remissent leurs priviléges. Cet ordre s'exécuta le 20 février 1382. On visita les priviléges de Bailleul, Cassel, Bergues, Bourbourg, Mardike et Dunkerque [2]; les uns furent rendus, les autres retenus. Le Statut des enquêtes et celui du Hoop surtout ne furent pas rendus.

---

[1]. 1382. Pascha, xix aprilis. Furnensibus Ludovicus sua innovavit privilegia, per novas tubellas suas quæ centum xxxvii aut eo cemplus utiles continebant articulos. Inter alia *conjunctionem* sustuli trium prætoriorum *Furnensis, Bergensis* et *Broburgensis* in materia appellationum, sanxitque ut omnes interjectæ appellationes illorum prætoriorum sortirentur suo in concilio. Meyri Com. sive. Annales Fland , Anvers, 1561, p. 135.

[2] Nous reproduisons ces intéressants documents dans l'Appendice A.

Les prérogatives du Hoop furent donc considérées comme empiétant sur les droits du souverain.

On trouve à la Chambre des comptes de Lille un document qui semble se rattacher au fait dont il vient d'être parlé. C'est un ensemble d'articles de lois que le comte de Flandre imposa à la ville de Bruges et qu'il déclare vouloir appliquer aux autres villes et châtellenies. Le savant Godefroy est d'avis que la date à assigner à cette pièce est 1324 ; nous inclinons à penser qu'elle pourrait avoir été faite à l'occasion de l'enlèvement de la Keure de Bruges en 1382. Mais qu'elle appartienne à l'une ou à l'autre de ces époques, elle a été faite dans le but de resteindre, et elle restreint effectivement, les priviléges des villes de Flandre dans certains points essentiels. Nous appelons spécialement l'attention sur les articles 38, 40, 41 et 42 de ce document qui est publié à la fin de l'Appendice, sous la lettre B.

A partir de cette époque, les renseignements sur le Hoop de Cassel et de Bailleul manquent. On ignore par conséquent quand il a cessé d'y fonctionner [1]. N'oublions pas toutefois que déjà précédemment Robert de Cassel, qui avait eu à se plaindre de plusieurs villes de Flandre soumises à sa domination, avait enlevé leurs priviléges et ne les leur avait rendus qu'après soumission et rançon. D'un autre côté, Robert, à l'instar des souverains, avait institué près de lui un Conseil privé, composé de ses grands feudataires. Ce Conseil était chargé non-seulement de donner des avis sur ses affaires privées, mais aussi de statuer sur certaines causes de haute

---

[1] On verra ailleurs ce qu'il est devenu dans les châtellenies de Bergues et de Bourbourg.

criminalité dont le prince voulait connaître. Cette attribution, qui était un empiétement flagrant sur les droits des assemblées des Enquêtes et du Hoop, ne fut pas accueillie sans murmure et sans protestation.

Un nouvel événement dont les faits, restés presque inconnus jusqu'alors, ont été si remarquablement mis en lumière dans les ANNALES du Comité flamand de France [1], par notre regretté confrère Alex. Desplanque, arraché si jeune à la brillante carrière ouverte devant lui, a occasionné de nouvelles modifications dans la coutume de Cassel. Nous voulons parler des troubles de la châtellenie de Cassel, de 1427 à 1431, à la suite desquels Philippe-le-Bon imposa une nouvelle coutume où il n'est plus question ni des Enquêtes ni du Hoop [2].

Enfin, là où le Hoop avait persisté à fonctionner, il avait perdu son caractère primitif. La juridiction d'appel en matière judiciaire et administrative, le droit de modifier les lois et coutumes ainsi que les diverses attributions qui en découlaient, tout cela avait disparu ; on avait oublié jusqu'au nom lui-même qui résumait ses droits et ses priviléges.

IV

DROITS ET PRIVILÈGES DE LA FLANDRE MARITIME DANS LA CONSTITUTION ET LA MODIFICATION DU STATUT DES ENQUÊTES ET DU STATUT DU HOOP.

Ces documents sont d'une importance considérable au point de vue de l'histoire du droit public. Ils révèlent, au profit de la Flandre maritime, un droit d'attribution

---

[1] ANNALES du Comité flamand de la France, t. VIII, p. 217.

[2] Une copie ancienne de ce précieux monument coutumier est entre les mains de M. Tailliar, à Douai. Il en existe aussi une autre aux archives de la ville d'Ypres.

qui ne semble avoir existé dans aucune autre partie de la Flandre [1]. Ce droit consistait à statuer sur le maintien des us et coutumes et sur les modifications à y introduire; c'était une véritable attribution législative.

Bien que les plus anciennes *Keures* ne remontent pas au-delà du XIIe siècle, il est facile de voir, par certaines expressions conservées dans leur rédaction en latin, qu'elles ont une origine beaucoup plus reculée et que leur texte primitif était en langue teutonique.

La Keure la plus ancienne de la Flandre maritime est celle de Bergues, Bourbourg et Furnes, portant la date de 1240. Plus qu'aucune autre, elle accuse ce double caractère de préexistence.

Les écrivains les plus autorisés reconnaissent que la sanction du souverain donnée à ces Statuts n'était pas une pure libéralité, mais le résultat d'un accord exprès ou tacite. Ces statuts, en effet, étaient une sorte de convention synallagmatique, conséquence du droit qu'avaient les populations d'invoquer leurs besoins, leurs us et coutumes, et d'y faire donner satisfaction.

Pour comprendre de quelle manière s'exerçait ce droit, il faut remonter aux premiers temps de l'établissement des peuples du Nord dans l'Occident. La loi chez eux était un pacte entre le souverain et le peuple ; elle

---

[1] Dès que le savant et illustre Warnkœnig, auteur du livre intitulé : *Flandrische Staats-und Rechts-Geschichte*, traduit par Gheldolf, sous le titre de « Histoire de la Flandre et de ses institutions civiles et politiques », eut connaissance de notre publication sur le *Hoop*, il nous adressait une lettre en date du 10 mars 1869, dans laquelle se lit ce passage : « Vous « pensez bien que j'ai lu votre dissertation avec le plus grand intérêt; elle « m'apprend du nouveau que je regrette de n'avoir pas connu en 1836, « lorsque j'ai publié le tome II de mon « Histoire de Flandre ».

ne pouvait s'établir ou être modifiée que du consentement et du commun accord des deux, dans des assemblées convoquées à cet effet.

Il n'a été découvert jusqu'à présent aucun monument qui fasse connaître d'une manière explicite quelles étaient les formalités suivies. Il est probable que l'usage servait de règle

A partir du XIII° siècle, on n'aperçoit plus de trace de l'exercice de ce droit. Les antiques privilèges n'étaient plus observés. Au fur et à mesure que les comtes de Flandre ont vu grandir leur autorité souveraine, ils ont tenu à n'accorder à cet égard, que ce qui était de nature à ne pas trop porter ombrage à leur puissance. On respectait pourtant la tradition ; c'est ainsi qu'un souverain, faisant son entrée dans une de ses bonnes villes, jurait par serment de maintenir les coutumes et privilèges; mais au fond tout était bien changé; à la suite de rébellions ou de mutineries, les coutumes et les franchises furent supprimées, et quand elles furent rendues, ce fut par octroi ou par grâce. Le lien était rompu, le pacte brisé [1].

Il n'en a point été tout à fait ainsi dans la Flandre maritime. Les formes constitutionnelles y ont été observées fort longtemps. On en trouve la preuve dans le

---

[1] Qu'on ne croie pas que l'enlèvement des priviléges des villes de la Flandre maritime n'était qu'une vaine formalité ayant pour résultat l'obtention, en faveur du Prince, d'un paiement fiscal. Il est certain que le dépôt des priviléges qui a eu lieu, le 20 février 1382, à la Chambre des Comptes de Lille n'avait pas ce caractère. Il avait pour but sinon unique, au moins principal, de retenir ce qui était considéré comme contraire aux droits souverains du Comte. (Voir l'appendice A.)

Statut des Enquêtes et dans le *Statut du Hoop* dont nous publions le texte plus loin.

Un passage du préliminaire du statut du Hoop mentionne qu'en donnant son assentiment à cette institution, Philippe d'Alsace, comte de Flandre, avait juré de maintenir les dispositions, les usages et les ordonnances qui existaient. Ce préliminaire ajoute que les comtes, ses successeurs, avaient juré à leur tour de les maintenir loyalement dans leurs formes [1].

Par le partage de Robert de Béthune, en 1318, Robert de Cassel a reçu en apanage la châtellenie de Cassel et une grande partie de la Flandre maritime. Il y maintint cette coutume, puisqu'il charge par lettres spéciales son bailli Pierre de le Delf, de le représenter à l'Assemblée des enquêtes en 1324, et à celle du Hoop en 1326, et d'y prêter, dit-il, « le serment que drois et « coustumes du pays requièrent et que nos anchiseurs « ont accoustumé à faire. »

Dans les statuts dont il s'agit, il faut bien distinguer entre leur constitution et l'application de leurs dispositions. La constitution était l'œuvre législative ou réglementaire délibérée par des assemblées composées à cet effet. L'application était la mise en exécution, par les juridictions spéciales, des lois et réglements décrétés par ces assemblées.

[1] On a fait honneur à Philippe d'Alsace et à son père Thierry d'un assez grand nombre de lois ou coutumes qu'ils auraient accordées. Nous croyons que ces princes n'ont institué aucune coutume, qu'ils se sont bornés à y donner leur assentiment, en ce sens qu'ils ne se sont pas opposés à leur maintien. La mention du Statut du Hoop n'a pas d'autre signification. Ce statut a été mis par écrit probablement pour la première fois du temps de Philippe d'Alsace ; et comme il contient des attributions exceptionnelles qu'on était jaloux de maintenir, on était très heureux d'avoir l'approbation du souverain.

Que tel était le caractère constituant de ces statuts, cela ne saurait faire le moindre doute. Les deux statuts, celui des *Enquêtes* et celui du *Hoop*, sont aussi précis que possible ; ils commencent et finissent tous les deux par l'énonciation de ce droit qui en est comme le principe fondamental [1].

Qu'on ne croie pas qu'il ne s'agissait là que de simples règlements municipaux ou administratifs ; ces règlements, dont la sanction se traduisait par des amendes qui ne pouvaient dépasser un chiffre déterminé, étaient dans les attributions de l'échevinage de chaque commune. Pour ce qui concernait les affaires judiciaires et administratives, qui étaient d'une plus grande importance ou qui intéressaient tout ou partie d'une châtellenie, c'étaient les assemblées des ENQUÊTES ou du HOOP qui statuaient à cet égard. Mais cette attribution n'avai rien de commun avec le droit qui consistait à modifier les statuts, c'est-à-dire les lois régissant toutes les matières civiles, judiciaires ou administratives.

V

RESSORT DE L'ASSEMBLÉE DES ENQUÊTES ET DE L'ASSEMBLÉE DU HOOP AU POINT DE VUE DE LEURS ATTRIBUTIONS CONSTITUTIVES.

§ 1. Assemblées des Enquêtes.

Le ressort territorial de l'Assemblée des Enquêtes embrassait les deux châtellenies de Cassel et de Bailleul. Cela est certain pour Cassel, puisque le Statut porte le nom de Cassel. A l'égard de Bailleul, il ne saurait y avoir non plus aucun doute. On en trouve la preuve dans la mention faite dans le procès-verbal

---

[1] Voir plus loin, N° 67, p. 233. — N° 2, p. 237. — N° 81.

dressé le 20 février 1383, par les conseillers du comte de Flandre, Louis de Male, chargés de vérifier les privilèges des villes de Flandre. On y lit :

« Ceux de Bailleul apportèrent les lettres et muni-
« ments ensuivant, premiers....

« Item, un viés rollet contenant ordonnances ordenet
« en le Mont de Hasebrouc, commençant : « Ce sont li
« Estatut ordenet en le Mont de Hazebrouc, etc. »

« Item, un livret contenant *Estatutz* ordenez en
« l'*Enqueste* faicte à Cassel, le quart jour du mois de
« jullé, l'an M CCC XXIII, commenchant : « Ce sont li
« Estatutz ordené en l'Enqueste faicte à Cassel, etc. » [1]

Il ne faudrait pas croire que la Cour féodale et haute-justice de Bailleul n'avait pas juridiction plénière dans son ressort, ou qu'elle n'avait pas les mêmes attributions que la Cour de Cassel ; les deux Cours avaient les mêmes droits, les mêmes attributions ; seulement Cassel était le lieu de réunion de l'assemblée des deux Cours où se réglaient les questions qui intéressaient la généralité et les questions de procédure.

La rédaction que nous publions est celle qui a été faite pour l'usage de la Cour de Cassel ; les décisions portant la date de 1272 à 1324 sont spéciales à la Cour féodale de cette châtellenie. Il est probable que la rédaction à l'usage de la Cour de Bailleul portait des traces de particularités de son ressort.

Ce qui semble corroborer cette opinion, c'est que chacune de ces Cours avait une Franche-Vérité, ainsi qu'on le verra plus loin.

Toutefois d'autres documents, que nous publierons

[1] Voir Appendice A.

quand il sera question plus spécialement de la châtellenie de Bailleul, sont de nature à faire croire le contraire.

L'Assemblée des Enquête se composait des feudataires des deux châtellenies. Les juridictions inférieures n'en faisaient pas parties. Il y avait néanmoins certains cas où les échevins et même les vassaux (estagiers) devaient y être appelés.

L'Assemblée des enquêtes n'avait pas de réunion à époques fixes ; elle pouvait être provoquée par le seigneur ou par les feudataires eux-mêmes.

§ 2. Assemblée du Hoop.

Quand au ressort du Hoop, il embrassait aussi les deux châtellenies de Cassel et de Bailleul ; mais toutes les communes des deux châtellenies ne se trouvaient pas sous la juridiction du Hoop ; les communes faisant partie de lassociation avaient seules le droit d'y siéger et de participer aux délibérations. A l'Assemblée de 1326, on voit figurer Cassel, Bailleul, Hazebrouck, Steenvoorde, Staples, Renescure, Zegerscappel, Broxele, Morbeke et Merville.

Le Hoop des châtellenies de Cassel et de Bailleul se réunissait à Hazebrouck. Il y avait une session chaque année.

L'Assemblée était composée des échevins des communes associées et des hommes de fief. Ceux-ci n'étaint pas tenus de donner leur assentiment, lorsque les échevins s'étaient entendus pour faire des modifications qu'ils n'approuvaient pas.

Indépendamment du Hoop d'Hazebrouck, dont l'éxistence se trouve constatée non seulement par le Statut qui est publié plus loin et datant, d'une manière certaine, du règne de Philippe d'Alsace, comte de Flandre (1168 à 1191); 2° par la charte de Merville de 1265; et 3° par les lois et coutumes de Cassel (1276 à 1324), il y en avait deux autres qui fonctionnaient dans les châtellenies de Bergues et de Bourbourg. L'une comprenait les trois villes de Bergues, Bourbourg et Furnes. Les documents qui en font mention sont : 1° le dénombrement de Louis de Luxembourg, à la date du 12 avril 1458 ; 2° un terrier du vicomte de Bourbourg, et 3° une charte de Louis de Crécy, du 19 avril 1332. L'autre avait son siége à Cappellebroucq. Il comprenait les localités faisant partie de la circonscription appelée alors *Brocho,* sans que nous puissions les préciser. C'était probablement le territoire desséché par Philippe d'Alsace, et par Gui de Dampierre, entre Bourbourg et Watten. Il est mentionné dans une charte de l'abbaye de Watten.

VI.

ATTRIBUTIONS JUDICIAIRES.

Les Statuts ainsi délibérés faisaient loi jusqu'à la réunion suivante. Le Statut des Enquêtes était la loi des Hautes Cours féodales de Cassel et de Bailleul ; le Statut du Hoop, celle des échevinages associés.

I. — Attributions judiciaires des Cours féodales.

Les Hautes-Cours féodales de Cassel et de Bailleul statuaient au criminel sur les faits de haute-justice, comme les meurtres, les rapts et autres cas dits réservés. Elles tenaient et dirigeaient les « Franches-Vérités », qui étaient les grands-jours de justice. Au civil, elles statuaient sur tout ce qui tenait au droit féodal.

Les Hautes-Cours féodales avaient aussi dans leurs attributions les escauwages des chemins. C'est encore à la Haute-Cour féodale que devaient aller à chef de sens les Cours féodales inférieures, soit pour avoir conseil sur les cas douteux, soit pour faire statuer sur l'appel des affaires ayant subi un premier degré de juridiction.

La juridiction des trêves privées, appelées *Ghiselschip*, était de la compétence de la Cour féodale. Le Ghiselschip avait pour but l'apaisement des haines de famille par suite de meurtres ou blessures, résultat de vengeances particulières.

Enfin, le statut des Enquêtes établit aussi son droit d'intervention dans l'ost [1] et la chevauchée [2].

II. — Attributions judiciaires du Hoop.

Les attributions judiciaires du Hoop étaient fort étendues. Elles embrassaient la justice civile, les crimes et délits, les matières de police et d'administration.

Ce qu'il y a de remarquable, c'est que nous avons là une loi échevinale uniforme pour un certain nombre de communes faisant partie de l'association. Il en résultait que les communes associées jouissaient de privilèges dont n'étaient pas pourvues les communes qui ne faisaient pas partie de l'association. Il est vrai que ces priviléges ne pouvaient s'exercer par aucune de ces communes individuellement, qu'elles étaient obligées de

---

[1] L'ost ou host était le service militaire dû au souverain pour la défense du pays.
[2] La chevauchée était un service féodal dû par un vassal à son seigneur.

s'adresser à l'assemblée du Hoop ; mais il n'est pas moins vrai aussi qu'elles en avaient indirectement le bénéfice, et qu'elles n'étaient soumises, pour les cas prévus au Hoop, à aucune autre juridiction que celle-là. Elles avaient ainsi indirectement le privilége de haute-justice qui n'appartenait ordinairement qu'aux villes importantes.

Il faut remarquer encore que le résultat du Hoop n'allait pas jusqu'à affranchir les localités qui en bénificiaient, de certains droits qui étaient inhérents à la qualité de seigneur du pays ; ainsi les franches-vérités, l'escauwage des chemins [1], la saisine, le retrait lignager, etc., entraient dans la compétence du seigneur.

Les communes associées ne pouvaient faire de changement sans le consentement du Hoop. Chaque banc d'échevin pouvait néanmoins faire des règlements de police pour sa circonscription, mais sans pouvoir prescrire un amende supérieure à 10 sols.

On trouvera dans le statut du Hoop deux articles qui rappellent une des plus anciennes coutumes barbares, la composition en argent pour le meurtre et les blessures graves.

En cas de meurtre, la réconciliation se payait 12 livres, dont 4 livres pour les magistrats qui l'opéraient.

---

1 L'*escauwage* des chemins était la visite des chemins qui avait lieu chaque année pour voir s'ils étaient bien tenus en bon état. Ceux qui contrevenaient à l'obligation de leur bon entretien étaient passible d'une amende qui était réglée par ceux qui dirigeaient ces visites et qu'on nommait *escauweurs*. Le mot flamand *Schauwen* employé dans le Statut du Hoop, vient de *Schouwen* qui voulait dire anciennement *toonen*, *te kennen geven*, *ammaanen*, aujourd'hui *zien*, *bescouwen*, *bezichtigen*. MEYERS-WOORDENSCHAT.

En cas de blessures, l'indemnité était de 6 livres pour une blessure profonde ; 5 sols pour la perte d'une phalange ; 15 sols pour la perte d'un doigt ; 60 sols pour la perte de quatre doigts ; 60 sols pour la perte d'un pouce.

La perte d'une main se payait autant que la perte de quatre doigts et le pouce, plus 6 livres. Chaque blessure qui ne laissait pas trace se payait 5 sols.

Le Statut du Hoop étant rédigé en flamand, nous y avons joint une traduction française, qui nous a paru d'autant plus nécessaire que le texte flamand n'est pas d'une interprétation facile même pour la plupart de nos compatriotes. Ce Statut porte la date de 1324, mais il est probable que le texte est plus ancien. Certaines expressions laissent penser que la rédaction appartient à une époque plus reculée. Nous ne sommes pas sûr d'avoir toujours saisi le véritable sens de certains articles et la bonne interprétation de certains mots dont on ne trouve l'explication ni dans Kiliaen, ni dans Plantin, ni dans Meyer, ni dans les dictionnaires plus modernes. Aussi nous déclarons-nous prêt à accueillir les rectifications qu'on voudra bien nous soumettre.

Ces documents ne sont pas subdivisés par articles numérotés. Cependant on y remarque des signes distinctifs de subdivisions, nous avons cru utile de les marquer par des chiffres, afin de faciliter les renvois et la concordance entre le texte flamand et la traduction.

TEXTES

I

LOY ET JUGEMENS DES HOMMES DE LE BAILLIE DE CASSEL.

1276

Sachent tout chil qui sont et qui à venir sont ke teile est le loy et le jugemens des hommes de le brillie de Cassel uséés en l'an del Incarnacion M.CC.LXXVI. *Primes.*

1). — S'il avient que I frans homs ou une franke feme est prins de murdre ou de cose qui affiert à le haute justiche, et li sires le veut metre en le vérité, il ne le poet faire se chiex feit demander par frankise le franke vérité. Et se li sires y met débat contre le franckise, il convient à cheli voukier en hommes de le court que il est gentiex homs de père et de mère et de chou avoir aiuwe; et se il a aiuwe, li sires le doit laissier replegier d'attendre le franke vérité parmi IIII pleges souffisans cascun de LX livres; et fu jugié de le feme Willaume Trost, d'Ebblinghem, et de Piérin Trost, de Runescure.

2). — Et se uns homs de posté est prins de tel fait, on le doit amener en le vérité sans fers et là faire jurer pardevant li; et là poet il desdire homme de faide et de hayne souffisans que il ne dient sur li, et on doit autres prendre en leur lieu; et fu jugié de Kerstelin le Rutel quant Wautier le Keyser fu mourdri.

3). — Et s'il avient ainssi que I murdres est avenu en le terre, li sires le doit faire apert as hommes et as eskevins qu'il soit mort de plaies, et le mort cognissant.

se il veut avoir le vérité. Après li sires doit par jugement vaincre les parens du mort de leur plainte et que on li juge leur plainte en le main.

Et après vous diray comment li sires le doit faire : il doit faire par jugement adjourner les parens du mort le dimenche souffissamment en l'églize là où li fais avint sur le mardy et noumer lieu là où il wardera le jour pour plaindre, se il voelent ; et se il ne viennent devant nonne, et li sires en conjure les hommes, on li juge le plainte en le main.

Et li sires doit plaindre et poet faire honte à qui il veut ; s'il noume non et sournon, on li jugera à adjourner cheluy encontre le signeur. Ne chieux ne poet nient escaper, se il n'escape par le vérité li une ou l'autre, se li sires plaide sagement.

Encore vous diray comment il poet escaper le signeur ; quant chieux veiroit en court et aroit fait senssoine ou quite à loy, il vauroit savoir se demande du signeur, et li sires le doit faire ; et en chelle demande se li sires oublie, ou par mes entendement que il n'a vaincus les parents du mort de leur plainte par loy et par jugement et de chou voukier en hommes et que le plainte li est jugié en se main par loy et par jugement. Et se li sires ne se voukast de tous ches poins deseure dis et que I en obliast et chieux le peust entendre et faire entendre les hommes après le demande du signeur et que se demande eust fin et on y fesist les hommes entendre.

Après chou li sires ne le porroit jamais amender chieux n'escaperoit de respondre au signeur, et se voukeroit en hommes de point oublier, s'il eust aiuwe des hommes il fust quite.

Et de Mikel Leroy du Berkin le mist en teil calaingne

encontre le bailli adont monsʳ Boissart de le Niepe s'il eust eu aiuwe d'ommes il fust quitte. mais pour chou fu en respit et fist on pais, et si tua 1 homme en pais, jugié pour l'ost qui fu semons vers Liège.

4). — Toutes coses que li sires radreche pour vérité commune ne poet il par loy semonre que III villes et là dedens prendre gent assés selonc le fait.

5). — Et se une dame demande de le mort sen haron le tiers en flef sans soing et sans serviche devant che que on pardt, elle le doit avoir, et se elle a parti ne peu ne grant, elle a perdu che droit.

6). — Qui veut vendre sen fief ainssi que ou derrain bezouc.

7). — Et s'il avient que 1 homs est adjourné de mort d'omme et il vient en court sur sen tiers jour ou veut venir et n'ose pour les parens du mort, il doit envoier au signeur souffissamment pour avoir conduit de venir loy faisant en court. Et se homme le demande souffissamment, on juge qu'il aie conduit de toutes coses fort de cheli et chely loy faisant, et li sires le doit faire et warandir aussi que on a jugié. Et chiex quant ert venus en court et a aporté sen corps pour avoir droit et loy, doit demander conselg et emparlier après faire sensoine, et quand senssoine ert faite ou quite à loy, doit-il savoir se demande soit encontre signeur ou encontre partie. Et quand il ara oy se demande et le demande a fin et on y fait les hommes entendre, chelle demande ne porra jamais estre amendée se chieux qui est en court venant poet entendre que chiex a fait maise demande et que il peut faire entendre as hommes et avoir aiwe d'aux il escapara de respondre se il le seit demander et convient que on plaide se homme prendent leur respit par rennes qu'il aront oy. Chiex qui est venus en court doit demander pais contre ses anemis et pour ses parens aussi ; se il le demande souffissamment, on li jugera pais l'un encontre l'autre tressi adont que loys ert courrute et qui dedens chelle pais jugié ferroit sur sen anemi on le terroit à murdre. Et fu jugié de Mikiel Leroy, du Berkin, et de sen lignage, et contre Inghelvert et sen lignage.

8). — Et s'il avient ainssi que li sires de le terre fait crier sen ost d'ommes de fief et de commune gent, on a en usage que on juge pais de toutes faides et de tous contemps tres si adont que li ost ert revenus ou qu'il ert pais et xv jours après ; pour chou que on veut que tout soient en leur warant et qui ferroit sur sen anemi dedens chelle pais jugié, il seroit murdreres tenus par loy ; et fu jugiet quant on dut aler en le terre du Liège.

9). — Et de le franke vérité tenir aussi que ou derrain bezouc.

10). — Et s'il avint ainssi que uns homs se plaint d'estre asseuré d'un autre homme, il fait plegerie de siewir sen claim ; sur che on juge l'autre de adjourner le dimenche sur le tiers jour, et là li jugemens est rendus, pais crié, l'un lignage contre l'autre, tressi adont que loys ert courrute et que on le crie aussi ou moustier là li fait avint souffissamment. Et quant chieux venra en court, s'il poet monstrer faide ou hayne souffissans, il ert quite, et li autre l'amendera le signeur. Et se chieux poet monstrer qui fist le claim qu'il fu manechiet que il ni eut faide ne hayne souffissans, il sera asseurés par jugement. Et s'il est ainssi que chieux ne vient ens, on warde le jour dusques à che que l'estoile est pairans ou l'eure que chou poet estre. Et s'il ne vient lendemain, li sires assanle les hommes et les conjure devant le partie qui loy poursieut ; et on le juge d'asseurer de cheli et de son lignage et que on le rajourne en l'église sur le tiers jour à faire chau qu'on a jugié, et s'il ne vient, on le fait crier en markiés et en églizes le jugement et l'aseuranche tous jours.

11). — Et s'il avient que on se plainst d'asseuranche par malice pour che li honnir sur qui on se plainst, on le poet ensonnier, s'il est hors du pays, en le manière contenu ou derrain besouc, tant qu'il ert revenus ; et bien eussent jugiet sur li par le malice de chelui qui pourcheroit. Et li autres revenist ou pays, il doit requerre au signeur que il li assemblast le court et faire senssoine, et li offrir à droit et l'autre faire adjourner de mais claim ; se il pust montrer raison, il seroit en autel point qu'il eus été sur sen tiers jour, se on le menast par loy ; et fu jugié et ches raisons rechutes pour aire le en jugement de Lauwerkin Fillastre, Danin Barat, de Renteke, car il fu en Poitau quand on fist le claim. Et ce droit et cheste raison apporta et trouva messires Philippes d'Yppre, manans à Kienville, un chevalier qui adont avoit espousé le seur le chastellain de Bergues, qui Dieus fasche merchi.

12). — Et s'il avient ainssi que 1 homs se plainst d'asseuranche brisié ou de pais faite, il convient que il monstre plaie ou sanc ou caup fru et de chou aie aiuwe de vue et d'oie ; et se chou n'est monstré ei prouvé devant les hommes et le signeur, li autre a boine raison de li escaper de respondre. Chou fu jugiet de Lauwerkin Peurquaet et de Wuillaume le Cluut, du Tilg et d'Edblinghem.

13). — Et si ont fait li homme par consentement

de tous que s'il avient que ɪ homs de posté se plaiut d'un homme de le court ou de ɪ autre gentilg-homme de lait fait ou de malvais jugement, et il se loie en jugement de hommes, et il fait cheli venir en court pour li hoster du lait fait et li vilain se traist arrière qu'il ne poursieut sen claim ou qu'il ne le poet prouver, on le juge à amender vers le signeur x livres et vers le partie x livres et le coust.

14). — Et s'il avient ainssi que ɪ soit tués en le terre qui seit gentiex homs ou vilains de chou tout aussi que ou derrain bezouc. Et cheste loy coert en Flandres et en Artois et en mont d'autres lieus tant que le pais faire et a le paié. Et che jugement fu déclariés par Monsʳ Pgilippe d'Yppre, Simon Lestur, Henry Tesninc, de Castres, et de Ghys le Scrinewerkere, de St-Omer, qui bien savoient les loys et le droit de teils cas.

15. — Le bailli ne poet nul saisine metre es biens d'omme qui veut venir à droit, car se il le fait et chiex s'en seit complaindre à le loy souffissamment, le bailli le doit oster, ou se che non, le loy doit arrester que elle ne juge riens pour li tressi adont que il l'a osté et a cheli loy fait. Et l'enqueste ne doit point seir, se li bailleu fait tort à homme de le court ; se chieux le seit monstrer à ses peirs là l'enqueste doit estre, ne le Mont de Hazebroec point seoir, s'il fait tort sur l'amende ainssi que dessus est dit.

16). — Et se hommes de court pledent l'un contre l'autre, et il se voukent de leur rennes en leurs peirs, et il leur falent et li sires calenge, l'amande de cheli qui pert l'avoukement, est au signeur x liv., se chest d'yretage, et ɪ homme de posté ʟx s., et de cateux x. s.

17). — Et au jour de plait estakié aussi que au

derrain bezonc. Et li homme doivent par droit tous arres et tous claims apporter à chel jour de plait pour jugement dire, et se il le font autrement, il meffont contre droit ; et fu rappellé de Boid Soemin de le mort David Le Gay, d'Eke.

18). — Et s'il est ainsi que li quens veut aler guéroier ii homme hors de ce conté de Flandres et qu'il veut mener ce gent de Flandres par signeurie hors de se terre, il ne doivent point aler, mais pour se priere s'il veulent et pour leurs cous et leurs wages il y poent aler ; mais au bout de se terre de Flandres doivent il aler maugré qu'il en ont, s'il fait se semonse souffisamment ; et s'il ni viennent, il en porra bien lever s'amende. Et pour chou que l'amende y est, doit il faire se semonsse souffissamment que li sires ne doit nuluy kunkier ne mener hors droit pour tant qu'il croit en Dieu. Et fu chou trait sur i des barons de Flandres et des banerés à Gheraumont, quant li quens vaut aler sur l'éveské du Liège. Et sen partirent maugré le conte, car il ne leur vaut donner que simple wage, les banières xx s. et as bacheleirs x s. Et bien leur cognut que il par nul droit ne les peust mener hors de se terre guérier ; et il le sommèrent et offrirent grant courtoisie quant il offrirent leurs corps et leurs chevaux et leur harnas pour luy servir sur ses frais et il ne leur vaut donner, et pour chou s'en partirent li preudomme : que Diex les soustienge en paradis ; amen. « Qui à mauvais signeur sert, il se met en fole journée; lonc tamps est dit.

EXPLICIT.

1280

19). — A le derraine franke vérité, en l'an del Incarnacion M.CC.IIII^{xx}, le merkedi devant le Pentecouste, fu ordené par le conte Guyon et par toute le communité des hommes de le baillie de Cassel que s'il avenist que I homme ou I feme fesist cose qui afresist à le teste perdre, que li quens ne li bailli pour deniers ne pour nulle loy, que on puist faire, le peut warandir, ne d'ommes ne d'eskevins, que le vérité ne die sur li. Chou fu pour Mons^{gr} Jehan du Broec et pour Mons^{gr} Jehan de Niles, qui furent délivré que on ne dist riens sur aus.

Et si ne poet en chelle vérité homme autre pourtraire qui a esté en faille, ne en triewes, ne en contens ou en hayne pour tant que homme le sache monstrer pardevant ses peirs, et s'il avient que on vent pourtraire I homme de plaine loy, il y doit avoir III hommes qui ne soient souspechonneus ne de hayne ne de lignage ; et cousins aussi que ou derrain besouc, ne poent autrement pourtraire qu'il est contenu ou derrain besouc.

Che fist on devant chestuy qui eut souffert I loy d'ommes ou d'eskevins ou de commune vérité, il estoit quite et che faisoient li bailli toudis pour avoir l'argent et menoient le fait ainssi que il voloient pour I malvais délivrer de le mort.

20). — Trestous les poins pour les mauvais grever que nuls vilains ne puist plaindre sur gentilghomme de lait fait qu'il n'amendast x liv., se il se loyast ou jugement d'ommes ne que nuls ne puist aler quites de le franke vérité pour nulle aiuwe de loy que li sires li puist faire ne que nuls ne puist homme courre seurre dedens sen enclos qu'il ne fust à x liv. Trestous ches poins nous trouva et ayda par sen sens Jehan du Cornus, li oncle adont ainssi noumés.

21). — De che que ɪ homme de court marcande à ɪ homme de posté ainssi que ou derrain bezouc.

22). — Et une vesve qui veut partir, a moitié de le mort sen baron en fief et veut estre quite de tous ses enfans, se elle le demande, pour droit on li jugera. Et fu fait de le feme Jehan d'Oxelare, demisele Coline, et li ainsnés pour se moitié doit frères et seurs warder sur sen frait.

1288

23). — Ch'est loy s'on apporte ɪ chartre en court pour estre paié, on juge que chiex sur qui elle vient que on l'adjourne dedens vii jours et vii nuis que il le tient ou que il die encontre. Et se il ne vient au jour, on juge le chartre à tenir, et après on juge cheli à adjourner à quinsaine qu'il tiengne le jugement; ainssi sera il mené dusques à ɪɪɪ quinsaines. Après, s'il ne vient, li sires donne paiement du sien pour pris des cateux. Et s'il est ainssi qu'il ni a nul catel, et li clameres veut estre paiet du fief et del hyretage, on le doit, après les ɪɪɪ quinsaines, adjourner, à ɪɪɪ xʟ jours après, il est attaint, s'il ne vient au derrain jour et on li met jour pour sen jugement oyr. Après on juge que li sires doingne paiement du fief pour prys. Et ainsi fu il jugiet du chastellain de St-Omer à Monsgr Philippon d'Yppre et à Hué d'Oxelare.

24.) — Il avint que ɪ Wautier le Caite fut tué en Sainte-Marie-Cappele; Jehan le Draselare manda à le fosse que il l'avoit tué sur sen corps deffendant. Le bailli fist les hommes entendre et le voloit avoir attaint par sen mand. Après mena tant le cose par loy que le plainte li fu jugié en le main, et clama sur I Willaume le Hane et sur I Willaume de Castres de chelle mort, et furent adjourné. Jehan le Drasselare vint ens au premier jour, et traist le mort à li, ainssi que devant est dit et s'envouka en le vérité qui le fist sur sen corps deffendant, et le vérité li fu jugié et l'eut et en fut quite. Li bailli tint ses jours sur les autres, I et I autre, et au tiers jour Willaume de Castres vint ens ainssi que on doit venir en court, et dist que il ne devoit nient respondre au bailli de celle mort pour chelle raison que I autres avoit trait le fait en li et en fu quite par le vérité. Il fu jugié que il ne dut nient respondre le bailli; li bailli tint ses jours sur Willaume le Hane le tiers, et le quart pour sen jugement oyr. Après li homme prinsent lor respit de droit dire au jour de le court. A le court fu jugié quite de tout che fait; encore fu il de tout attaint par loy. Et pour chou que li homme entendirent que il ne fu mie ou pays ne au fait, si fu quite jugié; et furent au jugement li sires de Haveskerke et ses frères, messire Wautier de Renenghes, messire de Penes et moult d'autres. Jugié en l'an de Grâce M.CC.IIII^{xx} et VIII après le le venredy Saint-Remy.

25). — Chest loys se I homme meurt qui est homs le conte, et il a hoir desaagiés, le mère a le bailg par manière que elle donne plégerie de délivrer l'enfant quant il ara sen aage sans soine de mariage et sans debte, pour chou emporte les cateux et le pourfit de se terre; et quant il est à age venus et elle s'en veut délivrer par loy, elle doit venir en court et amener l'enfant et les parens de par le père et ses pleges, et là monstrer qu'il est sans debte et sans lyen de mariage. Quant chou est fait, il va au lignage du père et on quite les pleges, sauve chou que se il y eust faute que il le parfroient dedens l'an et le jour. Après qu'il demeure al hoir le maison et quanque tient à le maison à cleu et à keville leviche qui cousta moult le cheval et les armes à déservir sen fief et 1 arbre que on appelle estake boin tout plichons kennes et frênes, bollars de saus et raime desous III ans de tout bos et dime, se elle y est qui gist en le terre nient rechute, et se elle, est rechute et assanlée, elle est à le dame et li hoir a le porte qui clost le manoir.

26). — De vérité de mort domme ne poet avoir mains de XXI personnes par jugement et par tant le poet on passer, et se on se deffent de vérité, v personnes le poent rescourre et nient mains.

27). — Et se on veut faire vérité de larechin, il ni doit avoir semons que le gent d'une ville où li larechin fu fait et on n'en doit prendre des gens que XXI et chiaus faire jurer et li v poent 1 homme tuer.

28). — et se homs se veut deffendre de vérité de lait fait et il dist qu'il est plus près de li deffendre que on est d'aler de vérité sur li et on li juge ; v hommes le poent délivrer de mort, chest d'omecide pour tant qu'il cognoist le fait, et se il le noie, il n'a nulle deffence que li sires n'en ara vérité qu'il le fist sur sen corps deffendant. Et si ne poet on d'omechide vaincre que II personnes l'un pour s'en cognoistre le fait par le vérité de murdre, ne se poet nuls deffendre, se il en y eust C tenu qu'il eussent esté au fait, tout seroient pendu par loy.

29). — Chest li usages en le court de Cassel de jugement des hommes se 1 homme vient ens de se teste de mort d'omme ou de bataille, et il contredist 1 homme de le court pour droit d'aller en jugement, et il pledent si ke il y va par jugement se chiex demande que il veut oster l'amende, on le juge à x liv. à cheli. Et fut jugié de Willaume del Aubel et de Tartarin de Runescure, du fait Jehan le Pape et de Baudin de Hazebroeck et de Jehan le Bierman de le mort Ysaac ou tamps de Jehan d'Assinghem, bailli. Et si fu adont jugiet pour chou que li Bierman se voloit deffendre de le vérité envers le bailli et le bailli dist qu'il n'eut point fait le mort et que autres l'eut cognut et mande le fait que pour che se deut-il deffendre de le vérité envers le bailli, et li bailli dist pour droit que il soufferoit le vérité pour che qu'il se vouka de nient se fu jugiet au bailli se vérité.

30). — Après fu jugiet de 11 varlés sur qui li bailli avoit clamé de cheli mort qu'il l'avoient mort et les fist adjourner ; et il vinrent ens et oyrent leur claim, et li bailli amenusa sen claim, et dist qu'il avoient esté en *vermenechte* et en aiuwe de li tuer, si voloit il avoir tele amende que li homme jugeroient ou se il le noiassent, le vérité. Ils disent pour che qu'il avoit amenusiet sen claim, si ne voloient respondre, se il ne fust droit et li homme le jugassent. Et il fu jugiet que on oyst leur sous claim s'il fust amenusiet, il seroient quite jugiet de respondre. En l'an del Incarnacion M.CC.III^{xx} et VIII, le venredi xv joues devant Noël.

31. — Chest droit loys et usage en le baillie de Cassel d'ommes et d'eskevins que s'il est ainssi que il ne sont mi sage et il vont au sens si que au nouvel Enqueste ou Mont, et se il ne se deskercassent au premier jour des plais ainchois que il désissent aucun jugement, et le bailli les calengast il l'amenderoient par le loy du pays.

Et sachiés que eskevins de le ville de Cassel apportèrent de l'enqueste ı jugement de Boidin Kerste et de ı feme qui avoit demandé audit Boidin compte d'une debte qu'elle devoit à Boidin devant dit et que chiex avoit sen hyretage attaint par faute de somme, et eskevin avoient jugiet que li bailli li werpist del hyertage, et li bailli ne le vaut faire sans sen salaire, et Boidin devant dit ne le vaut donner. Et pour chou que le werp ne fu fait si li fu jugiet le compte devant le werp; et se il eust esté fait elle l'eust perdu.

Et quant eskevin vinrent en leur vierscare pour dire chou qu'il avoient rapporté de leur sens, che fu del enqueste dont il furent kerkié. Si vint Jehan Rone, leur bailli, et leur banc vierscare ; après si vint ı homme, si demanda conselg et amparlier et li bailli li donna, et chieux demanda que on li demandast et appelast ı homme avant par loy. Et li bailli en conjura se il le devoit faire et eskevin disoient oyl ; ainssi fu fait. Et il disrent que li demanderes attendesist l'eure.

Après si vint le haut bailli et calenga que il avoient ale contre droit et contre l'usage et que il l'amenderoient. Et eskevin Colin Aradge et li autre compaingnon ne se peurent deffendre ne en eurent conselg des hommes, il leur convint keir ens ou dit du bailli Moennin Lauwart à dont bailli et amender à sen dist.

32). — Et si est drois cognus d'ommes, Phelippe d'Yppres, Wautier de Renenghes, Boissart de le Niepe, Jehan du Cornus, Eustasse Hauwel, Phelippe de le Bourre, Jehan du Broec, Jehan de Bavinchove, Gherard Mauwere, Jehan des Preis et de tout le communauté des hommes pour ı fait qui avint à Morbeke par nuit que messire Wautier de Renenghes traist ali pour sen droit à faire justiche, et que le bailli le vaut traire à murdre, pour chou que il avint par nuit. Et il disoit ainssi que se ı homs sesist avoec ı autre en taverne ou ailloers, et il, en caude melée, tuassent l'un l'autre d'espeies par nuit, que chou n'est mie murdres pour tant que ainssi fust cognut et wirs est ; car maint anuy avient la boine gent sont qui nient ni quierent mal, ne ne sevent qu'il doit avenir. Et se teil fait fust murdre, maint preudomme en seroit honnis, car nulle homme n'a deffence de murdre, pour tant qu'il en est tenus de fait et d'aiuwe. Et si fu Coppin Le Bere bany et pendu à Saint-Omer pour teil fait d'espeie.

33. — Et fu esclarié le droit des hommes deseure dit pour le mort me dame de Le Bourre qui avoit conquesté avoec sen derrain baron cateux et hyretage comment che conquest dut aler entre ses enfans, car li ainsnés, qui le fief avoit, le voloit tout emporter, pour le raison que il avoit de le mort sen père assené frères et sereurs et que tout l'eurent emporté. Et li homme disent que del avoir que leur père eut et tint quant il ala de vie à mort, en chou ne devroient il riens partir mais en le conquest que le mère avoit conquesté puis le mort de leur père, en chou partiroient il et teils en fu leur jugement de che cas.

1289

34). — En l'an M.CC.IIII^{xx} et IX, devant le Saint Martin, fut ordené en l'Enqueste à Cassel, pour commun proufit du pays, que nuls morwages poet despendre ; qui le froit, il seroit à LX sols, s'il en fust tenus de le vérité.

35). — Et fait se uns enfes mourrust sans hoir, le formorture doit aler sur frères et seurs dusques au derrain ; et se le derrain mourust sans hoir, le hyretage reyroit dont elle verroit et le conquest reverroit le moitié des cateux sur le père ou sur le mère qui en vie seroit.

36). — Et de pertris prendre ainssi que en le derraine enqueste.

37). — Et de colombier tenir aussi.

38). — Et de morwage aussi.

39). — Et d'arbitrage aussi que en le derraine enqueste.

1291

40). — Et fu fait en l'enqueste à Cassel, en l'an M.CC.IIII^{xx} et xi, le nuit de le Magdalaine, qui demande promece de fief et on li cognoist, il doit l'argent donner dedens les xv jours après, ainssi que usage est, et se il ne le fesist, il seroit à x liv.

41). — De faire claim sur autre desous ou deseure xx s. ainssi que en le derraine enqueste.

42). — Et fait après : qui mande homechide souffissamment, il est tenus per sen mant que le franke vérité ne doit nient dire de li ne autre vérité, mais d'un autre doivent-il dire, se il en sevent, et on s'en plaint li sires au partie et le franke vérité en doit dire, se elle en seit.

43). — Et après fait, qui fait debte ou donne lettre ou plegerie ou cognoist devant loy quelle que elle soit et li an passe après le jour de le debte, et il ne demandast le debte dedens l'an souffissamment, il en seroit quites par loy ; se elle ne fust recréancée souffissamment dedens, on n'en doit jamais respondre.

44). — Et fut jugiet de Jehan Le Lonc 1 bastart que Piérin Bonele deut asseurer de ses parens et amis à chelle enqueste. Et de li fu jugiet devant as plais l'asseuranche.

EXPLICIT.

1292

45). — Jugiet fut a me dame feme Monsgr Jehan du Broec pour droit pour chou que elle quita se part de se mort de cateux et de hyretage, sauve che que elle aroit le fruit de se terre, sen hyretage qu'il peut vendre à chel jour 1 an, et sen lit estofé, et ses draps 1 paire, et des estofes de le maison hofises ke li hyretier prendroit le meilleur, et elle l'autre après ; hanaps, paieles et tel harnas ; et fu jugié pour ce que elle fu vesve quant il le prist. Chou fu jugiet le venredi VIII jours après Pentecoste en le Court de Cassel en l'an M.CC.IIII^{xx} et XII. Et le jugea le sire de Locre, sire Woutiers de Renenghes, sire Willaume de Heule et ses frères messire de Pènes, messire Willaume de Ghistele, messire Willaume de Linseles, messires Boissart de Renenghes, chevaliers, et Eustasses Hauwel et autres asses hommes et elle fest son serement que rapporteroit tout chou que parchonnains fu a che jour qu'il mourut.

EXPLICIT.

II
STATUT DES ENQUÊTES.
1324

Che sont li estatut ordené en l'enqueste faite à Cassel, le quart jour du mois de jullé, l'an de grâce MCCCXXIIII, *et juré par Jehan Tote, adonc bailli de Cassel, par virtu d'unes lettres dont le fourme est teile qu'il s'enssieut.*

« Nous, Robert de Flandres, sires de Cassel, de la
« baronnie d'Aluye et de Montmiral en Perche, faisons
« savoir à tous que nous avons mis et establi, mettons
« et establissons, pour nous et en no lieu, no amé
« varlet Jehan Tote, bailli de Cassel, présenteur de
« ches lettres et li avons donné et donnons plain pooir
« et mandement spécial pour tenir tant que cheste foys
« seulement no générale enqueste de toute no castel-
« lenie de Cassel et des appartenanches, et pour jurer
« en l'âme de nous, tele seremens que drois et coustume
« du pays requiert et que no anchiseur ont accoustumé
« à faire en che cas, selonc les us et coustumes du
« pays et que nous meisme ferièmes ou faire porrièmes
« se présent y estièmes. Et promettons à avoir ferme
« et estable tout che que par no dit bailli fait et juré
« sera sur les coses dessus dictes et touchans ycelles,
« sauve nostre signerie et nostre hyretage. Mandons
« et commandons par ches présentes lettres à tous à
« qui che touche ou poet touchier que il en che faisent,
« entendent et obéissent à no dit bailli diligament par
« le tesmoing de ches lettres seelées de no seel ; donné
« à Cassel, le quart jour du mois de jullé, en l'an de
« Grâce MCCCXXIIII. »

1). — Et fu premièrement ordené en ledicte enqueste que cascun gentiex homs ou gentieux feme ou homs de le court de Cassel, que li sires sievroit de se vie faire perdre sans partie, doit estre replégiés par IIII pleges cascun de LX liv.; et on doit prouver se gentilleche par III gentieux hommes ou par III hommes de le court pour attendre le franke vérité.

2). — Se uns fais avient de le mort d'omme, il convient que li sires methe le cas à loy devens l'an; et quant li claim luy est adjugiés, il le doit poursiewir dedens XL jours.

3). — Se uns homs de posté est prins pour cas de crieme, il doit estre menés à se vérité sans fers; et là il doit oyr [1] qui juront sur li et débatre par faide, par hayne [2] cheux que il seit débatre et y doit on metre autres.

4). — Se uns homs de posté est prins pour cas de mort, li sires le doit metre à loy et laissier replegier sur IIII pleges cascun de LX s.

5). — Se une vesve veut avoir sen tiers, elle doit renonchier à cateux et à sen hyretage que on appelle terre vilaine; et che tiers poet elle emporter sans soing et sans debte sauvant sen fief qui li vient de par li.

6). — Se aucuns ainsnés frères assène ses frères sur franc fief sans condicion, il en doivent estre si homme s'il veut et s'aucuns des frères defausist sans hoir de se char, li escanche eskiet al ainsné, s'il est en vie, et s'il n'est en vie, si doit il eskeir al ainsné après.

---

1 Oyr cheaux qui — cette variante et celles qui suivent sont celles du rollet n° 2131 de la Chambre des comptes de Lille.
2 Hayne notable.

7). — Se li sires veut tenir ɪ vérité de murdre, il ne le poet faire fors des ɪɪɪ villes prochaines de là li fais avint.

8). — Se ɪ homs de posté est tenus en vérité commune de ɪɪɪɪ hommes, il se doit replégier par ɪɪɪɪ pleges pour attendre le franke vérité, ainssi dessus est dist.

9). — Se li sires fait semonre ses ostes souffissamment, on doit jugier pais de toutes weres, de tous contens dessi adont que li host ert revenus ou que il ert pais et xv jours après, et qui enfrainderoit chelle pais, il seroit tenus de murdre.

10). — On doit tenir le franke vérité d'an en an et là pourtraire tous chiaus qui ont fourfait puis an et jour.

11). — Et se li sires ou li pays soit empéchiés par quoy on ne le poet tenir, li sires le doit monstrer as hommes et le cause et en doit conjurer les hommes qu'il le retiengnent. Et après à le première franke vérité que on tenra que longhement que on attenge pour teile cause ou empêchement, on pourtraira tous chiaux que on sera meffais puis le derraine franke vérité, et chiex empêchemens doit estre jugiés boins et et vaillables par estagiers, par hommes et par eskevins dedens et dehors.

12). — Et le franche vérité jugié, on doit noumer le jour sur lequel elle doit seir pour chou que tout sont loyet en icelle. Et que chou que on y pourtrairoit ne doit li sires nient rappeler. Et doit avoir ɪɪɪ semonsses par ɪɪɪ quinsaines souffisamment, ou li sires porrot bien perdre par se deffaute, et doivent tous estre en pais ɪɪɪ jours, à savoir est le jour de le vérité et le prochain jour devant et après. Et chelle pais jugié, doit on crier sur le dimanche souffissamment en tous les lieus là où on semonst et crie le franke vérité, où li sires perderoit le fourfait et le droit du jugement.

13). — S'aucuns fait adjourner aucun en cas d'asseuranche et il en faut de prouver le cause, il le doit amender au signeur de x liv. et à le partie de x liv.

14). — S'aucuns se plaint et fait adjourner gentilg homme ou homme de court sur cas de crieme ou de lait fait et il se délaisse ou deffaut de prouver son fait, il le doit amender au signeur de x liv. et à le partie de x liv. et le coust de son amparlier.

15). — Li sires ne poet nul homme tenir en prison pour raison de se nobleche devant chou que li loys en aroit ew le première cognoissanche pour savoir se li fait appertient à se nobleche ou non.

16). — Nuls n'ira mengier as noches, se il ne paie XII d. sur x s. d'amende; et qui yrra sans paier, il l'amendera x s.

17). — S'aucuns créditeurs accroit à plusieurs personnes debtes, se il s'en fuit hors du pays et emporte les debtes et les biens d'autruy, on le doit adjourner en l'églize par III quinsaines; et s'il ne vient, Il doit estre banis du pays; et chou que on porra trouver du sien doit estre convertis envers les débteurs et-le remanant au signeur.

18). — Nul morwage ne peut despendre; et chiex qui le feroit, l'amenderoit LX s.

19). — S'il est ainssi que aucun ait colombier, ze il n'est gentiex homs ou fauconnier d'anchiserie, il le doit oster dedens le moys que on l'ait crié au moustier, sur x liv. d'amende.

20). — Qui prent pertris à amorsse ou à tonnele, il est à LX s.; et li harnas perdu [1]; se il n'est gentiex

---

1 S'il est prins.

homs ou del hostel ou du mainage de gentilg homme, et cascuns à l'amende desous qui chou est.

21). — Quant uns homs a attaint sen claim après le quinsaine, par loy il doit faire sen serement que li claim que il a fait est boins et loyaus ou faire boin compte par sen serement aussi.

22). — Quant uns homs veut estre hostes desous i signeur, il et tous ses mainages y doit demourer les ii pars de l'an [1].

3). — On ne doit avoir coust que de v hommes et i bailli, et chil coust doivent estre de commun à tous les hommes qui seront présens au jugement.

24). — On ne doit avoir que i coust de quelconque plégerie que on fait d'un cas, combien que on donne de plêges [2].

25). — Nul bailli ne doit avoir coust plus grant que i franc homme qui tient frankement sen fief chest iiii s.

26). — Nuls ne loyeche ses bestes es rues et voies, quelle qu'elles soient, sur iii s.

27). — Nuls ne laist aler ses bestes sans warde ou sans loyen du mi-mars dusca le St.-Martin d'yver, sur iii s.

28). — Nuls ne laist aler bestes en tailles et haies, sur iii s. et le damage paiet.

29). — On doit escauwer en le castellenie de Cassel toutes les rues que on est accoustumé d'escauwer

---

1 Au plus.
2 On ne doist mie lever coust de sen per, puisqu'il est venu en court.

et jocweghe [1], hors mis les rues du bos de Niepe, une foys devant le St-Jehan avoec iii eskevins, sur iii s.; et entre le St-Jehan et le St-Pierre entrant aoust à tout hommes et eskevîns, sur x s., et che sur fief et hyretage; et entre le Toussains et le St-Andrieu ès lieus dessus dis par hommes et eskevins, sur x s. Et doivent les zytlakes [2] avoir xi paus de larghe et xi paus de parfont; et le terre que on prendra des zytlakes, on le doit geter devers les rues, et les zytlakes des jocweghes doivent avoir v paus et demi de larghe et de parfont. Et si poet cascun faire se fratce [3] à sen aisement sauve le court d'yauwe et ne mie tenu de faire backewin [4].

30). — Li sires ne poet escauwer desous les vaasseurs, se il ne sont en deffautte.

31). — Quant uns sires fait adjourner un sien homme ou sougit, et li sires est partie et il laisse se court vaghe par se volenté ou par sen fait, se li homs se présente en le court et en a laiuwe de ses peirs, li homs doit estré quites [5].

32). — Se li sires gete calenge envers i homme de la castellenie de Cassel, et y avoit au jugement plente d'ommes d'autres castelleries que li homs soit menés par les hommes de le castellerie [6] et là li fais fu avenus et par le plus grant partie des hommes de le castellerie dessus dicte.

33). — Tout chil qui portent armures deffendues si

---

1 Chemin à brouette.
2 Acoltements.
3 Frete. Rollet 2131.
4 Bakevin. — Ibid.
5 Doit aler quite et délivré. — Ibid.
6 Menés par le usage de le Castellerie de Cassel. — Ibid.

comme coutel à pointe, espeies de were, glaves, pikes [1], bastons qui ont plus lonc pickot de v paus ploumées, gales de plonc ou de fer, miséricordes, haches, ghisarmes et saietes, doivent estre en amende de xx s. et les armes perdues, se che ne sont gentilg homme ou gent d'office tenant justiche qui sont juré devant le loy, ou homme qui ont esté eslis [2] en le franke vérité, ou homme de fief qui tiennent leur fief frankement, et eskevin du souverain seigneur au tamps qu'ils sont eskevin.

34). — Et ne doivent eskevin lever nul coust quant il viennent à Cassel tant pour parlement que pour autres bezoingnes.

35). — Il ne doivent avoir en le castellerie de Cassel que iiii wetbodes, et ne doivent estre envoiet en nul hostel de sougie de le castellerie, se che n'est pour cas de crieme, et aussi tost que li homs vaura venir devant le bailli pour attendre loy du fait que li bailli li met sus, li bailli doit oster les wetbodes. Et tant que li wetbode sera al hostel du sougit, il doit estre as despens tels que on a accoustumé en l'ostel et xii d. le jour pour sen salaire; et se li sougit veut, il poet donner au wetbode ii s. le jour et il fera ses despens ailloers.

36). — Se on poet prouver que aucuns fache fraude en alongier promesses soit de fief ou de hyretage, se chou est de fief, il doit estre en amende de x liv.; se chou est de hyretage, en amende de lx s.

37). — Li bailli de Cassel et tout si lieu tenans en le baillie, pour loy tenir et conjurer, ne doivent estre avoec les hommes à leur conselg ne leur jugement des

---

1 Glaives, pyc. — Ibid.
2 Assis. — Ibid.

querelles dont li sires est partie ou demanderes ou li bailli pour li.

38) — Se i vaasseur demande cose qui est droit de sen signeur, il fourfait le demande et lx liv.; se chou est de vaasseur contre autre, x liv.

39). — S'aucuns est arrestés à Cassel ou dedens le castellenie, on le doit mener par devant le loy et replégier à teille loy qu'il appartenra.

40). — Li sires ne poet prendre nulle enqueste sur nul de le castellenie, se il ne si oblege de se volenté et par loy.

41). — Nuls partissières de fourmortures ne poent lever fors leurs dépens raisonnables, chest à entendre homme de posté de xii d., homme juré ii s., et franc homme de fief iiii s. Et qui autre coust prenderoit sur fief, il seroit en amende de x liv., et sur hyretage lx s.

42). — Se uns homs veut vendre sen fief, il le poet faire par iii articles: l'une pour poverté, se elle est cognute de ses peirs; l'autre pour sen avantage et pour sen preu, s'il fait milleur acat; le tiers est pour sen plus prochain hoir; et se li fief est criés à loy par iii quinsaines, nuls ni a promece, s'il ne vient au werp et là le poet avoir, s'il n'est hors du royaume de Franche.

43). — Se uns homs est adjournés de mort d'omme, et il ne veut venir en court, et il n'ose pour les parens du mort, il doit envoier au signeur souffissamment pour avoir conduit de venir en court loy faisant. Et se on le demande souffissamment, on li doit jugier conduit de toutes coses hors de chely, et de chely loy faisant, se il est homs de loy.

Et quant il vient en court, il doit requerre à avoir se demande, et sur chou il doit respondre à l'encontre et selonc le demande et le responsse faite. Se li homme en prendent respit, il poet demander à estre en pais, luy et ses parens encontre les parens du mort, tant que loy soit courrute ; et se il le demande, on le doit jugier. Et qui enfrainderoit le pais jugié, che seroit le pais criée là li jugemens fu rendus et après le dimenche ou moustier de le paroche là où li fais avint murdres.

Et s'il avenoit aussi que ı homs se plainst d'asseuranche par malice pour cheli honnir de qui il se plainderoit, et qu'il soit hors du pays alés ainchois que claims ne plainte soit faite, on li poet aydier s'il a ami qui le voille faire, car on le poet ensonnier [1] là où on tient journée sur li, et dire ainssi : Signeurs, se vous waides [2] journée sur cheluy, je di qu'il est hors du pays alés en chelle terre ainchois que claims ne adjournement fu fais, ne riens n'en seit, ne ne poet savoir, et je l'ensoinnye se vous ne m'en volés croire [3], je m'en offre à faire créaule foy audit de le court par me foy ; et se tant est dit, li homme arresteront de jugier tressi adont que cheli soit revenus ou pays, mais il jugeront pais entre les amis tant que loys en soit courrute.

44). — Et s'il avient que uns homs soit tués qui soit gentiex homs, et chiex qui le fait s'ist vient à accort par le loy du pays, le pais est vins et quatre livres et l'amende est vııı liv., et chelle amende doit demourer dedens le seulg. Car s'il avient ainssi que li mort fust

---

1 Et doit venir chil ki le veut ensoingner. — Ibid.
2 Wardes. — Ibid.
3 Dyens tant bien et se croire ne m'en veus. — Ibid.

mariés et le pais fust faite ainchois que le feme ait parti, elle doit avoir le moitié [1] et se elle a parti ainchois, elle ne doit riens avoir. Et le pais doit-on partir en IIII, chest à savoir : l'une partie al hoir, le seconde as cousins germains, le tierche as cousins en autre, le quarte as cousins en tiers. Si doit l'enfant du cousin germain partir avoec les cousins en autre, et l'enfant du cousin en autre avoec les cousins en tiers. Et s'il avient que il y a descoort de espeie rechevoir, chiex qui aroit le fief, se fief y avoit, doit rechevoir l'espeie et paier avant le paie. Et li loys del accorde d'un homme de posté est XII liv. et IIII liv. d'amende; et si le doit on partir [2] en IIII ainssi que deseure est dit et l'amende aussi.

45). — Se I homs de court ou autres plède l'un contre l'autre, et il se voukent de leur rennes en hommes de le court, chieux qui faut de son envoukement, est à x liv.; se li sires le calenge, se chest de hyretage homme de tel plaist, LX s., et de casteux, cascune amende x s.

46). — Et si ont li homme I boin usage qu'il ont mis I jour de plait estakie pour tout assambler pour dire droit jugement de tout chou dont il seront kerkiet pour chou que nuls ne puist perdre sen droit par mais jugement che lei. Et chiex ni puist estre pour oyr et veoir se on li fait boin jugement et loyal. Et si doivent li homme par droit tous arres et tous claims rapporter à chel jour des plais pour boin jugement dire; et se il le font autrement, il le font contre droit.

47). — Et est à savoir que en le franke vérité,

---

[1] De chelle amende. — Ibid.
[2] Le pais. — Ibid.

nuls homs ne poet autre pourtraire qui est ou a esté en faide, en triewes, en content ou en hayne contre li pour tant que on le sache monstrer devant les peirs. S'il avient que on veut i homme pourtraire de plain, il doit estre tenus de iii hommes et tout d'un fait qu'il n'en a nul souspechonnaule, et en che pourtrait ii cousins germains ne valent ke un homme [1], ne deus cousins en autre, ne ii frères, ne ii parens ne ii souronges pour chou que on se doubte que alianche soit faite pour i homme grever, ne parens ne poet nuluy pourtraire, encore en y eust xx, pour tant que on y meche débat, ne vérité commune ne poet nuluy délivrer qu'il ne puist estre pourtrais en le franke vérité.

48). — Nuls ne poet autruy courre seure dedens sen enclos et sen meis sur i amende de x liv.

49). — S'il est ainssi que i homs de court marcande à i homme de posté, et chiex est en deffaute de paier pour che que il seit bien que li markant n'a nulle cognissanche de loy des hommes de le court de se debte pour che ne demoura mie, s'il prouve ses debtes par bonnes gens créaule luy cinquième jurant que le debte est boine et loiaus et qu'il n'en rechut oncques paiement.

50). — Cascuns doit acquerre se debte au lieu là où li créditeres est coukans et levans sur lx s., se li sires ne li fust en défaute hors mis ville de loy.

51). — Qui preste denier pour denier ou est termineres noctoires et publikes, il est à x liv. s'il en est tenus en vérité, et si le doit on metre en cascune vérité du plait d'eskevins.

---

[1] Deus cousins en autre, ne ii frères, ne ii parens, ne deux seronges.— Ibid.

52. — Qui demande promece de fief et on le li cognoist, il doit l'argent donner dedens xv jours apies, ainssi que usage est ; et se il ne le fesist, il perderoit se querele et se l'amenderoit x liv.

53. — Qui cache laron, il le poet prendre sans amende, et se il se deffent quanke on li fait, il ni a point d'amende pour luy prendre.

54). — Qui fait claim sur autre et on li contredist, ils doivent venir ambedeus au premier jour de plais, se li claims est deseure xx s.; et qui ne le froit, seroit à LX S.

55). — Qui mande homechide souffissamment, il est tenus par sen mand du fait, et le franke vérité ne poet riens dire sur li [1]; mais d'un autre, poent il dire, s'il en sevent.

56). — Amparlier prins en le vierscare ne poet avoir par loy que xii d., et se on l'amaine de dehors, ii s.

57). — Nuls ne poet autruy pander en aoust, se che n'est homs futieux.

58). — Nuls ne poet peskier en autruy yawe, se chieux ni est présent qui l'iauwe est, qui en seroit tenu, sans plainte il seroit à LX s.

59). — Drois, loys et usages est en le baillie de Cassel des hommes et d'eskevins que s'il est ainssi qu'il ne sont mie sage et il vont au sens à l'Enqueste à Cassel ou au Mont à Hazebroec pour leur jugement ; li sires les doit mener pour aus faire kerker. Et quant il y sont venus, le bailli les doit conjurer qu'ils diechent leurs

---

1 Ne autre vérité. — Ibid.
2 Ici finit le rollet 2131.

rennes qui sont plediet devant eaus; et quant il l'ont compté devant le communité de l'Enqueste ou du Mont, il et leur bailli se doivent traire arrière si que il ne le poent amender ne empirier à le parole que il ont dite; se che sont eskevin qui l'enquièrent, li eskevin del Enqueste ou du Mont dient premier leur sens et le droit, et se il descordent qu'il ne traient tout sur 1, et 1 seul eskevin se descordast, li homme en seroient kerkiet et en diroient le jugement. Et se li homme se descordassent, chieux qui aroit sieute de plus grant quantité d'hommes, il emporteroient le jugement. Et quant hommes ou eskevins sont kerkiet, il le doivent porter en leur lieu à le première vierscare ou au premier jour des plais qui sera semons par loy; et aussi tost que on aroit bany vierscare ou fait court, et li sires les vausist conjurer d'aucunes coses, ainchois que il désissent nul jugement il se doivent deskerkier de che que il ont rapporté de leur sens, et s'il désissent autre jugement devant et li bailli les calengast, il l'amenderoient.

60). — S'il avient que uns homs sièche avoec i autre en taverne ou ailloers par nuit, et il, en caude melée, tuassent l'un l'autre d'espées que che n'est mie murdres pour tant qu'il fust ainssi cognut, car maint anuy avienent à le boine gent qui nient ni quièrent de mal, ne ne sevent qu'il doit avenir. Et se tel fait fust murdres maint preudomme en seroit honnis, car nulle homme n'a deffence de murdre pour tant qu'il en est tenus.

61). — Et est à savoir que se une dame a conquesté avoec sen derrain marit cateux et hyretages, comment che conquest doit aler après le mort, de le dame entre ses enfans, car li aisnés qui le fief aroit de par sen père porroit tout demander pour le raison qu'il aroit ses frères et seurs assene de le mort de sen père, et tout leur assènement aroient emporté. Drois est de chou qui vient du père que li ainsnés le doit avoir ; et en chou ne devroient il nient partir, mais en chou que le mère avoit conquesté puis le mort du père, en chou doivent il partir.

62). — Nuls ne tiengne sayerrie, ne ne voist aserrie sur LX s. d'amende, se il en est tenus par vérité.

63) Loys est et coustume que uns homs poet paier de ses cateux et de sen hyretage devant sen plège, par pris de boine gent ; et s'il ne poet parvenir, le jugement le plège le doit parfaire.

64). — Et si doit on ribaus et putains banir et que nuls les herberghe che sur LX s. d'amende, s'il en sont tenu par vérité ; et se on les treuve ou pays, on leur trauwera l'oreille d'un fer caut. Mais ribaus peneurs qui portent toursiaus ou qui waengnent leur vivre et voelent waengnier par leur paine, sans malice, li commendement n'est mie sur yaus, on les tient pour boine gent.

65). — S'il est ainssi que uns mairgne sur hyretage bien soit homs de court, si catel doivent respoudre devant eskevin.

66). — S'il est ainsi que li homme de court prendent aucun plédiet à l'enqueste comme à leur kief, kil elischent cinq de leurs peirs li quel iront à l'enqueste pour porter le prediet et pour rechevoir droite kerke et chelle kerke raporter à leur court.

67). — Tous ches Estatus deseure noumés poent estre transmué à le première Enqueste qui venra, au proufit du signeur et du pays au reward de chiaus qui seront ou doivent ou poent estre par raison à le dicte Enqueste. Et demouront toutes les coustumes en leur virtu dont chi deseure n'est faite mentions et declaracion, ainsi que on a accoustumé et usé dusques à ore.

Explicit des Enquestes dit Bezouck

III

MONT D'HAZEBROUCK

1277

Chest chou qui fu ordené ou Mont *à Hazebroec par hommes et par eskevins, en l'an de l'Incarnacion* m cc lxxvii, *le merkedy devant le jour de le Magdalaine.*

1). — Que s'il avient ainssi que uns homs est ars de fu qui vient de dehors, on li doit rendre de chiaus de le ville là où il maint, quant il l'ara prouvé par le vérité ; il doit meismes jurer que li fu vint de dehors et qu'il ne sait qui l'apporta là ; il clamera devant le signeur et devant eskevins du brant. On fra semonre en l'églize sur le dimenche tous chiaus de la ville et tous les eskevins de le vierscare ; et li bailli y doit avoir v eskevins du brant [1], et li eskevin de le vierscare doivent prendre le vérité et nommer ; et les eskevins dn brant les doivent oyr. Et s'il troeuvent que le fu vint de dehors, on li paie, et se on treuve qu'il vint de sen fu, il est à iii liv. et les despens du bailli et d'eskevins du brant ; chest de cascun jour dusques à iii jours, le bailli iiii s., et cascun eskevin, s'il est chevaliers, iiii s.,

[1] Incendie.

et s'il est escuier, II s. Et de plus de jours ne poent il avoir cous, et ches cous, comme s'il waenge sen brant, on l'assiet en le ville aussi.

2). — Et 1 homme dedens sen enclos qui li meffroit, che seroit x liv. d'amende.

3). — Et se 1 homs demande loy ainssi que ou derrain Mont.

4). — Et des wetbodes envoier ainssi que ou bezouc nouvel.

5). — Et d'un homme qui a fait plègerie, on le doit querre aussi que au nouvel Mont.

6). — Chest loy en le terre que s'on fiert 1 caup qui est couvert sans plaie que on appelle *domslach*, l'amende est x d., et se'il en y eust, xx, si n'aroit il, que de III par loy.

7). — Et si on fiert 1 caup qu'on appelle d'orelle, chest xv s.; et se il y en eust III, ce ne seroit chou nient plus par loy.

EXPLICIT.

IV

STATUT DU HOOP D'HAZEBROUCK.

Dit zyn de Statuten gheordeneirt in den Hoop van Hazebrouc ghemaect te Hazebrouc den XI^{sten} dach van marte

TRADUCTION.

Ce sont les statuts arrêtés au Hoop d'Hazebrouck, faits à Hazebrouck, le onzième jour de mars

int jaer van gracien MCCCXXVI, *bi Piederse Van der Delf, bailliu van Cassele, bi der virtuut van eenre letteren dies de voorme es zulc als kier naer volght:*

« Nous, ROBERT DE FLANDRE, sires de Cassel, faisons savoir à tous que nous avons mis et establi, mettons et establisons pour nous et en no lieu Pierres de le Delf, no amé bailli, monstreur de ches lettres, et li avons donné et donnons plain pooir pour tenir quant à cheste foys tant seulement le *Mont de Hazebrouc*, que on dist le *Hoop*, et pour jurer en l'ame de nous tel serement que drois et coustume du pays requièrent et que no anchiseur ont accoustumé à faire et pourfaire en lieu de nous et pour nous tout che que il appartient à faire en che cas selonc l'us et le coustume du pays et que nous meisme feriemes ou faire porriemes se présent y estiemes ; et promettons à avoir ferme et estable tout che que par no dit commissaire fait et juré sera sur les coses dessus dites et toukans ycelles, sauve notre signerie et hérytage, mandons et commandons par ches présentes lettres à tous à qui che touke ou poet toukier que en se fesant il entendent et obissent à no dit commissaire diligaument par le tesmoing de ches présentes lettres seellées de no scel faites et données à nostre chastel d'Aluye, le joedy après le Thiéphane, l'an de Grace MCCCXXVI. »

TRADUCTION.

MCCCXXVI, *sous Pierre Van der Delft, bailli de Cassel, en vertu d'une lettre dont le contenu suit :*

Nous ROBERT, etc.

1). — Dit zynde wetten d'usagen ende d'ordenanchen die hebben ghezyn ghemaect, gheordeneirt ende ghevisiert ten Hope te Hazebrouc bi mannen ende bi scepenen dat men ghehouden hebt ende gheuseirt; ende de goede Phillips wileneer grave van Vlaendren gaf den goennen van den lande van Vlaendren. Ende zwoer se hun beiden wel ende loyaleike te houdene ende te doenne houden also hier achter volght. Ende alle de graven die hebben ghezyn zident in Vlaendren hebbense gezworen te houdene loyaleike in alle de maniere ende in de voorme als de goede Philips voorseit grave van Vlaendren wilen se hilt.

2). — Dats te wetene dat me elcs jaer mach hebben den Hoop omme de bate van den lande, zo es me scoudich te ghebiedene over al daer scepenen woen-

---

TRADUCTION.

1). — Ce sont les lois, us et ordonnances qui ont été faits, arrêtés et révisés par hommes et échevins au Hoop d'Hazebrouck, tels qu'on les a observés et pratiqués, et tels que feu le bon Philippe, comte de Flandre les donna à ceux du pays de Flandre. Les deux parties jurèrent de les observer bien et loyalement et de les faire observer comme ils suivent ci-après. Et tous les comtes qui se sont succédés depuis en Flandre ont juré de les observer loyalement dans toutes leurs formes et dispositions comme feu le bon Philippe susdit, comte de Flandre, les tint.

2). — C'est à savoir que chaque année on peut tenir le Hoop dans l'intérêt du pays. En ce cas on doit faire des convocations partout où demeurent des échevins,

nen die zitten in den Hoop bi zoendaghe ghebode bi III viertien nachten voor den Hoop. Daer mach me de wetten, dusagen ende dordenanchen verniewen, ende doude of te doenne bi assente van den mannen ende van scepenen; bi manieren dat of hun de scepenen van den lande concorderen die zitten in den Hoop, de mannen zyns hun niet scoudich tonderwendene

Ende es d'usage zulc die comt van sHeren tweghe, hie es scoudich te bringhene goede letteren ende souffissante van den Here omme den Hoop te houdene also als me sal omme de bate van den lande.

Zo mach de here hebben drie ghemeene dinghedaghen int jaer ende achter elc ghedinghe II ghenachten telken XIIII nachten, zy de dinghetyt zo lanc.

TRADUCTION.

qui siègent au Hoop, par publications de dimanche en dimanche, trois fois quatorze nuits avant la réunion du Hoop. Là on peut renouveler les lois, usages et ordonnances, supprimer les anciens, du consentement des hommes et des échevins; de telle sorte que si les échevins du pays siégeant au Hoop s'entendent, les hommes ne sont pas obligés de se soumettre à leur décision

Il est d'usage que celui qui se présente au nom du seigneur pour tenir le Hoop dans l'intérêt du pays doit montrer bonnes et suffisantes lettres du seigneur.

Dans ce cas le seigneur peut avoir trois jours de plaids ordinaires chaque année, et après chaque jour de plaid deux audiences de nuit, de quinzaine en quinzaine, si le temps des plaids dure aussi longtemps.

Ende die ghedinghen es me secoudich te doenne roupen ende te ghebiedene bi zoendaghe ghebode in de kerken al over al in de vierscare ; up den derden dach achter den roup of der achter sheren wille in de wouke, up dat es hie scoudich te dinghene over al, meits dat scepenen verstaen dat de ghedinghen zyn souffissanteleike gheboden ende gheroupen.

Ende up dat mach me bannen de vierscare ; ende es scoudich te doenne wet elken meinsche ende den vreemden teerst.

Daer naer es hie scoudich te maenne scepenen omme te neimene eetzweires omme te bringhene voort de mesdaden die me hebt ghedaen in de vierscare. Aldaer de Here recht an hebt ende dat behoort te haren eede, ende met dien eetzweires es hie scoudich te dinghene al de dinghetyt.

TRADUCTION.

Les plaids doivent être annoncés, criés et ordonnés le dimanche dans toutes les églises dépendantes des vierscares. Le troisième jour des plaids ou après, dans la semaine, selon la volonté du seigneur, celui-ci est obligé de tenir le plaid sur toutes choses, pourvu que les échevins aient jugé que les annonces et publications aient été suffisantes.

Alors on peut convoquer les vierscares, et l'on est obligé de rendre justice à tous, en commençant par les étrangers.

Puis le seigneur est obligé de semoncer les échevins qu'ils aient à prendre des jurés pour dénoncer les méfaits commis dans la vierscare, là où le seigneur a juridiction, comme leur serment les y oblige.

Ende waerd ook dat zake dat niewe fait ghevielt achter tgauwe ghedinghe ende tusschen den ghenachte, zo mach me dinghen II lieden tsoendaeghs voor tghenachte, in de kerke daert behoort; ende danne den eenen van den tween doen, ter waerheiden, van der zelver zaken, te zegghene zine kennesse der of ter waerheiden zonder meer. Ende die eetzweires zyn scoudich te lidene met haren eede; ende ware iemene ghenomen omme te zine eetzweire, ende hiere niet ne came te tyt ende te wilen, hie viele in de boete van LXII s., hie ne mochte toghen zinne souffissante te zegghene van scepenen.

3). — Alle de goenne die zyn sHeren laten van

TRADUCTION.

Et s'il arrive un nouveau fait après le plaid sommaire, entre les plaids de nuit, on doit adjourner deux personnes le dimanche avant le plaid de nuit, dans l'église de la circonscription, et semoncer l'un ou l'autre de dire, sous serment, ce qu'elle sait de la chose, selon la vérité sans plus, et les jurés sont tenus de se contenter de ce serment.

Celui qui étant désigné pour être juré ne se rend pas en temps et lieu à la convocation, est passible d'une amende de LXII sols, à moins qu'il ne prouve devant échevins de son impossibilité de s'y rendre.

3). — Tous ceux qui sont hostes [1] du seigneur doivent

---

[1] Les hostes, en latin *hospites*, appelés aussi estagiers, stragiers, en flamand *haelers*, étaient des *eensitaires* qui payaient une redevance foncière pour les champs qu'on leur concédait. (Raps., t. IV, p. 285.)

den lande zyn scoudich te halmene dlant dat zie vercopen of laghen omme ander lant zonder cost, ende d'ontfangher es scoudich IIII d. omme zinen orlof ; ende vremde lieden van buten die vercopen of laghen lant omme ander lant zyn scoudich XII d. van der maerct.

4). — De goenne die maent van halme, hie eist scoudich te doenne omme XII d. van der maerct, ende zonder andere cost.

Ende dat gheen amman mach hebben XII d. van den halme, bedi hits commen toe zident dat de laeste Hoop was voor deisen.

Ende alle lieden buten ghedinghe zyn scoudich XII d. van der maerct; ende niemene ne mach laghen lant omme lant hensi vore omme vore.

5). — Alle de goenne die heeschen ghebordichheide zyn scoudich te commene achter den halm gheghe-

---

TRADUCTION.

la saisine en cas de vente ou d'achange sans frais ; ils doivent au receveur, pour son salaire, quatre deniers, Et les étrangers (non bourgeois) doivent pour vente ou échange III d. pour salaire, et XII d. par chaque marché

4). — Celui qui reçoit la saisine ne peut demander que XII d. par marché, sans autres frais.

Aucun amman n'a droit à XII deniers, attendu que leur salaire a été réglé par le dernier Hoop avant celui-ci.

Hors la tenue du plaid, chacun doit XII d. par saisine, et personne ne peut faire échange de terre, sinon sillon pour sillon.

5). — Tous ceux qui poursuivent le retrait lignager sont tenus de se présenter après la saisine, le premier

ven ten eersten dinghedaghe ten ghedinghe omme et heeschene hare ghebordichheide. Ende zyn de goenne vooroghen up wien me de ghebordichheide heescht, de Here es him scoudich te vraghene wat hijs kent ende of hiere iet ieghen zegghen wille. Ende kent hie him de ghebordichheide, hie machse him kennen zonder boete; ende zegghe hiere iet ieghen, mes him scoudich wet te doenne naer ziere redene. Ende die word vonden int onrechte bi vonnesse van scepenen, de boete es LXII s.

Ende ne zyn de goenne niet vooroghen up wien men heescht de ghebordichheide, messene scoudich te daghe ten eersten ghedinghe up I zoendach voor tghedinghen in vulre kerken daer de ghebordichheide leight omme te wetene of hiere ieneghe dinc ieghen zegghen wille. Ende comt hie ende kent de ghebordichheide, hie mach se kennen zonder boete, ende zegghe hiere iet

---

TRADUCTION.

jour de plaid pour demander le retrait. Si celui contre qui est demandé le retrait comparaît, le seigneur doit lui demander s'il reconnaît le droit de retrait ou s'il le contredit. S'il le reconnaît, il n'est passible d'aucune amende; s'il le conteste, au contraire, on doit retenir la cause pour statuer selon droit. Celui qui succombe par jugement d'échevins doit une amende de LXII s.

Si celui contre qui est demandé le retrait ne comparaît pas, on est obligé de l'ajourner au premier plaid, un dimanche, en pleine église du lieu où est situé le bien, pour savoir s'il a quelque chose à dire contre la demande. S'il comparaît et reconnait le retrait, il

ieghen, die word vonden int onrechte bi vonnesse van scepenen, de boete es LXII s. Ende comt hie niet vooroghen behouden dies dat hie souffissanteleike ghedaeght es tote up zine derden dach, de boete es LXII s. Ende volghe de claghe niet zine claghere, hie boet LXII s., ende de gheboordichheide verloren; ende niemene ne mach beroupen gheboordichheide, hie ne zyn rechtzwere of naerre.

6). — Niemene ne mach houden lant hie nebs den halm langhere danne jaer ende dach up LXII s. zy hys ghehouden. Ende zo wie zo hout lant VII jaer ende VII daghen onghecalengiert ende hiere of ghelt trechte van den lande, dat lant es scoudich te blivene zyn bi teneuren.

7). — Den Here noch ander man ne mach sce-

TRADUCTION.

n'est passible d'aucune amende ; et s'il le conteste, et qu'il est jugé avoir tort, l'amende est de XLII s.

Et si le demandeur ne poursuit pas son action, l'amende est de XLII sols, et le droit de retrait est perdu.

S'il ne comparaît pas, bien qu'il ait été suffisamment ajourné à trois jours, l'amende est de XLII s.

Personne ne peut reprendre le retrait, si ce n'est les germains ou les proches.

6). — Personne ne peut posséder plus d'an et jour une terre sans payer saisine, à peine de LXII s. d'amende. Celui qui tient ainsi une terre pendant sept ans et sept jours, sans qu'il ait été calengié, et qu'il en ait fait chose sienne ou tiré de l'argent, il en reste possesseur.

7). — Ni le seigneur ni autre homme ne peuvent

penen upheffen van quaden vonnesse huine zy in zienne ende in hoorne van vullen banke van scepenen die behoren ten Hope. Ende de Here ne machse niet calengieren als zie zyn up ghestaen van haren banke daer se de Here bezworen hebt van anderen vonnesse.

8). — Scepenen moghen van allen dinghen, daer of dat zie zyn ghemaent, nemen hare vorst eene ende ander een ; ende ter derdere zyn zie scoudich te wisene, zyn zys vroet ; ende zyn zys niet vroet, zie zynt scoudich te niemene te haren hovede, ende dats ten HOPE ende daer bezouken trechte. Ende als zie zyn gheladen van den rechte, zo zyn zyt scoudich te bringhene up haren banc ten eerste ghedinghe voor alle ander vonnessen ende him tontladene.

9). — Dusage es sulc dat de baillu ne mach ver-

TRADUCTION.

relever les échevins d'un jugement mal rendu, sinon au au vu et au su de tous, en plein ban d'échevins apparnant au Hoop ; et le seigneur ne peut les calengier dès qu'ils ont quitté leur siége où le seigneur les avait requis pour d'autres décisions.

8). — Les échevins peuvent, dans toutes les affaires qui leur sont soumises, remettre à prononcer leur décision une ou deux fois, mais la troisième, ils sont obligés de prononcer leur jugement, s'ils sont d'accord ; et s'ils ne sont pas d'accord, ils sont tenus d'aller à leur chef de sens, c'est-à-dire au HOOP, et là demander une décision. Lorsqu'ils l'ont obtenue, ils sont obligés d'en donner connaissance à leur banc, le premier jour de plaid, toutes autres affaires cessantes.

9). — L'usage est tel : le bailli ne peut renouveler

niewen scepenen of hi ne bringht souffissante letteren van den Here wies de vierscare es.

Dusage es zule dat de baillu ne mach niet verniewen scepenen van den eenen banke hie ne verniewe dandere int heerscep ende in de baillie die behoren ten Hope.

10). — Hits te wetene dat de goenne die ieghen tfonnesse van scepenen zegt, ende hies ghehouden es bi vonnesse van scepenen, hie es in de boete van elken scepenen x s.; ende van elken scepenen ieghen den here van lxii s.

11). — Die wille vervolghen scout up anders mans lant, mes scoudich te daghene den goennen wies dlant es, up eenen zoendach, in vulre kerken, daer dlant leight, ende roupen te houdene dach up den derdendach achter den roup in de wouke met i amman ende met ii scepenen;

TRADUCTION.

les échevins qu'autant qu'il soit muni de lettres du seigneur à qui appartient la vierscare.

Le bailli ne peut renouveler les échevins d'un ban sans renouveler ceux des autres bans dans les seigneuries et bailliages qui dépendent du Hoop.

10). — Celui qui appelle d'un jugement rendu par les échevins est passible, en cas de confirmation dudit jugement, d'une amende de x s. pour chaque échevin, et de lx s. par échevin pour le seigneur.

11). — Celui qui veut poursuivre le paiement d'une créance sur une terre appartenant à autrui doit ajourner le propriétaire un dimanche, en pleine église où est située la terre, et renouveler cette publication dans la semaine, un des trois jours qui suivent la première publication, par un aman et deux échevins; et au bout de la qua-

ende tende den xiiii nachten, met I amman ende met III scepenen, ende tende van den anderen xIIII nachten met I baillu ende met v scepenen; ende came de goenne wies dlant es te ieneghen van den daghen of ten eersten ghedinghe, te tyt ende te wilen, hie mochte gheven den halm zonder boete, ende came hie niet al sost voorseit es, de Here ware scoudich te halmene, ende blevere iet boven der scout, de here neimt LXII s. over de boete.

12). — Mes scoudich te zegghene ieghen pandinghe bin den eersten xv daghen achter de pandinghe, ende zyn de xv daghen leiden, ende niemene der ieghen gheseit hebt, de claghere hebt vervolght zine scout, ende es scoudich zine scout goed te makene met ziere hantzwere tote xx s. Ende boven xx s. met II goeden lieden tote hem. Ende die se weder zeght, hie es scoudich te

---

TRADUCTION.

torzième nuit, par un aman et trois échevins; et au bout de la quatorzième nuit suivante, par un bailli et cinq échevins. Et si le propriétaire comparaît l'un de ces jours-là ou au prochain plaid, en temps et lieu, il peut donner saisine sans amende; s'il ne se présente pas, le seigneur doit faire la saisine. S'il reste quelque chose au delà de la dette, le seigneur perçoit LXII s. d'amende.

12). — On est obligé de faire opposition à la saisie gagerie dans la quinzaine à dater du jour de la saisie. La quinzaine passée, si le saisissant continue ses poursuites, il est tenu de les justifier par serment jusqu'à xx s., et au-delà de xx s. par le témoignage de deux bonnes gens.

Celui qui conteste, est obligé de se présenter au pre-

commene ten eersten ghedinghe; ende comme hiere niet in tyt ende in wilen, indien dat hiere souffissanteleike ghedaeght es bi vonnesse van scepenen, hie es in de boete van LXII s. ende principal verloren.

13). — Die wederzeght claghe van cateilen, de boete es III s. up den goennen die vonden es in t'onrechte bi vonnesse van scepenen ; ende messere ieghen scoudich te zegghene als ieghen pandinghe.

14). — De goenne, die hebt ghemaect scout ende hebt ghegheven bortocht, hie es scoudich te gheldene metten zinen, zyt cateilen of erve. Ende dattere ghebreict, de borghe moet vulcommen; die den borghe volght voor den principal, de boete es LXII s., mach me vinden den principal.

15). — Alle kennessen ghedaen voor scepenen es

TRADUCTION.

mier plaid ; s'il ne comparaît pas en temps et lieu, après avoir été suffisamment ajourné, il est condamné par jugement d'échevins à une amende de LXII s., et il perd le principal.

13). — Celui qui s'oppose à une plainte de cateux et qui succombe devant les échevins, est passible d'une amende de III s.; et on est obligé d'agir contre lui comme en matière de saisie.

14). — Celui qui a contracté une dette et qui a fourni caution, doit payer avec son propre avoir, soit cateus, soit héritage. Et ce qui manque doit être complété par la caution ; celui qui poursuit la caution avant le principal est passible d'une amende de LXII s., si le principal est suffisant.

15). — Tout ajournement ne vaut qu'an et jour, à

niet langhere scoudich werdich te zine danne jaer ende dach ; achter dat de dach es ghevallen of huine zy dat ment versouke bin jare ende bin daghe.

16). — Als iemene heescht scout ı anderen man ende hebt helpe van ıı goeden lieden, van hoorne ende van zienne, dats him scoudich werdich te zine, ende dander mach toghen paiement met zulkere helpen.

17). — Menes niet scoudich te claghene ne te pandene in den oust, of hinne ware up ı vluchtighen man.

18). — De goenne die zet voet up lande omme te heeschene erve leicheide, mes scoudich te daghene up den zoendach in vulre kerken daer dlant leight alle de goenne die recht heeschen an dat lant ende roupen te houdene up dat lant eenen dach ten darden daghe of achter den derden dach in de wouke met ı amman ende

TRADUCTION.

moins qu'on n'obtienne prolongation pendant cet an et jour.

16). — Si quelqu'un actionne un autre en paiement et prouve par le témoignage de deux bonnes gens qui déclarent qu'à leur vu et su la chose est due, l'adversaire peut prouver sa libération de la même manière.

17). — On ne doit ni saisir ni intenter aucune action pendant le temps de la moisson, à moins que ce ne soit contre quelqu'un qui est en fuite.

18). — Celui qui met pied sur une terre dont il se prétend propriétaire à titre d'héritier de succession vacante, doit ajourner un dimanche, en pleine église où est située la terre, tous ceux qui prétendent avoir droit sur cette terre, et faire des publications sur cette terre un jour dans les trois jours, ou après le troisième jour

met ii scepenen, ende t'ende den xiiii nachten met i amman ende met iii scepenen, ende t'ende den anderen xiiii nachten met i baillu ende met v scepenen; ende comtere niemene die recht heeschen an dat lant, messene scoudich te wisene in die erve ten eersten ghedinghe; ende comtere iemene diere recht anheescht bin den eersten ghedinghe mes him scoudich te doenne wet naer ziere redene naer der usagen van den lande, ende diere onrecht ofheift, de boete es LXII s.

19). — Die claeght omme te hebbene deeldach, mes scoudich te daghene up zoendaghe in vulre kerken alle de goenne die recht heeschen ter madelsteden, ende roupen te houdene i dach up den derden dach, achter den roup of achter den derden dach in de wouke met i amman e de met ii scepenen; ende t'ende den xiiii nachten

---

TRADUCTION.

dans la semaine, avec un aman et deux échevins ; et au bout de la quinzième nuit, avec un aman et trois échevins ; et au bout de la quinzième nuit suivante, avec un bailli et cinq échevins. S'il ne vient personne qui prétend avoir des droits sur cette terre, on doit statuer sur l'héritage à la première audience ; et s'il se présente quelqu'un qui prétend avoir droit, on est obligé de faire justice selon les raisons produites et d'après la coutume; celui qui a tort, doit une amende de LXII s.

19). — Celui qui intente une action en partage doit ajourner un dimanche, en pleine église, tous ceux qui prétendent avoir des droits dans la succession, et tenir criée un jour après le troisième jour de l'annonce, avec un amman et deux échevins ; et au bout de la

met I amman ende met III scepenen ; ende t'ende den anderen XIIII nachten met I baillu ende met v scepenen. Ende wiltyt dat alle partien vergadert zyn ten daghe, mes him scoudich te nemene IIII deellieden die deelen naer d'usage van den lande. Ende ne commen partien niet bin ieneghen van den daghen zonder de claghere ten orconden, de claghere hebt verwonnen al den deel; ende ne volghe de claghere niet zine claghe, de boete es LXII s., ende zyn deel verloren.

20). — Elc deeleman es scoudich te hebbene II s. sdaeghs up zine cost.

21). — Ne gheen voght van wesen ne mach vercopen hare lant ne laghen omme ander lant, vrienden ende maghen ne moeten orconden dat es haerleder profit ende bi vonnesse van scepenen.

TRADUCTION.

quinzième nuit, avec un aman et trois échevins ; et au bout de la deuxième quinzième nuit, avec un bailli et cinq échevins. Et pendant que les parties sont réunies, on doit choisir quatre partageurs qui font le partage selon la coutume du pays. Si les parties ne se présentent pas dans le délai des publications, le poursuivant entre de droit en possession de la succession. Et si le poursuivant ne donne pas suite à son action, il est passible d'une amende de LXII s. et perd sa part.

20). — Chaque partageur a droit à II s. par jour, et doit se nourrir à ses frais.

21). — Un tuteur ne peut vendre ni échanger la terre de ses pupilles sans l'avis des parents et amis, et sans que les échevins jugent que la chose est dans l'intérêt des mineurs.

22). — Negheen voght van wesen nes scoudich te ghevene rekeninghe van haren goede achter dat hie verlaten zal zyn jaer ende dach.

23). — Mes scoudich te rekenne van wezen zonder cost; ende mes him scoudich voght te ghevene zonder cost; ende me nes niet scoudich of te doenne voght van wesen of huine zy ter halver marten of int ghedinghe.

24). — Alle kinder zyn scoudich te blivene in svader plucht of in der moeder toten zie hebben vii jaer met alle haren goede zonder minderen dat hun comt van vadere of van moedere. Ende waerd dat him ander goed toecame bin den vii jaren, hare voght eist hun scoudich te doenne gaen in profite; ende als tghevalt dat een man of i wyf sterve, den goennen die blyft te live es scoudich te blivene de hofstede omme den wissel van

---

TRADUCTION.

22). — Un tuteur ne doit rendre son compte de tutelle que pendant un an et jour après la majorité des mineurs.

23). — Le compte de tutelle d'un mineur doit être rendu sans frais, et le tuteur doit être nommé aussi sans frais. On ne peut destituer un tuteur qu'à la mi-mars ou pendant les jours de plaids.

24). — Tous les enfants doivent rester sous la tutelle de leur père ou de leur mère jusqu'à l'âge de sept ans, avec tous leurs biens, sans diminution, qu'ils viennent du père ou de la mère. S'il leur écheoit d'autres biens durant ces sept ans, le tuteur est obligé de leur en attribuer le profit.

Et s'il arrive qu'un mari ou sa femme vienne à mourir, le survivant doit rester sur l'exploitation, à la

alse veile lants buten behouden dies dat erve zy van den eenen of van den anderen; ende es scoudich te blivenc up de hofstede al tdraghende hout ende de haghen bi prise tsegghene van deelemannen.

25). — Dat niemene, man, vrouwe, ne kint die deelen zal ervachtichheide, mach hebben meer danne I keure van hofsteden.

26). — Tiongheste kint es scoudich te hebbenc de hofstede, zyt knapelin kint, omme alse veile lants buteu ter achterster doot; ende zyre gheen knapelin, tiongheste meiskin eist scoudich te hebbene in de zelve maniere.

27). — Kinder zyn scoudich te wesene in allen deelen alse verrevoort als vader of moeder waren scoudich te zine, of ziene waren bastarden.

28). — Hilde iemene douwarie, ent gheviele dat hiere uteghinghe bi wetten van al of van zom zonder

---

TRADUCTION.

charge de donner en échange d'autres terres courantes, à moins que celles-ci ne soient des propres de l'un ou de l'autre. On doit laisser sur la ferme toute la coupille et les haies selon l'estimation des partageurs.

25). — Ni le mari, ni la femme, ni les enfants ne peuvent avoir en partage plus d'un corps de ferme.

26). — Le plus jeune enfant, après la mort du survivant des père et mère, doit avoir la ferme contre la même quantité d'autres terres éparses; s'il n'y a pas de fils, la plus jeune fille a le même droit.

27). — Les enfants héritent par représentation de leurs père et mère, à moins qu'ils ne soient bâtards.

28). — Si une personne en jouissance d'un douaire y renonce en tout ou en partie, sans l'assentiment de

t'assent van den hoire, ende dat verkent voor wetten, thoir mochte zine hant slaen an die douwarie als an zine propre erve bi der usagen van den Hope.

29). — D'amman es scoudich te roupene of te doenne roupen up II zoendaghen in vulre kerken al omme int ammanscep te makene de straten ende de woughen; ende ten derden zoendaghe roupen te scauwene up den derden dach achter den roup, of der achter in de wouke, met II scepenen up I boete van III s. Daer achter d'amman es scoudich te roupene of te doenne roupen bi zoendaghe in de kerken al omme int ammanscep te scauwene up den derden dach in de wouke of der achter in de wouke met III scepenen, ende dat es hie al scoudich te doenne voor sinte Jhans messe.

30). — De Here mach doen roupen up I zoendach

TRADUCTION.

son héritier, et que ce soit reconnu devant la loi, l'héritier peut mettre la main sur le douaire, comme sur son propre héritage, selon l'usage du *Hoop*.

29). — L'aman est tenu de publier ou de faire publier, deux dimanches, en pleine église, que dans toute l'amanie les chemins et les rues seront escauwés le troisième jour après la publication, ou après, dans la semaine, avec deux échevins, à peine de III s. d'amende. Ensuite l'aman est obligé de publier ou de faire publier le dimanche, dans les églises, que dans toute l'amanie l'escauwage aura lieu trois jours après, ou dans la semaine, avec trois échevins; et cela doit se faire avant la Saint-Jean.

30). — Le seigneur peut faire publier un dimanche,

in vulre kerken also te voren es gheseit te scauwene up den derden dach in de wouke, of der achter inde wouke, met II mannen ende met v scepenen up LXII s.; ende dit moet hie doen bin den laesten ghedinghe bin der dinghetyt.

31). — Hits te wetene dat alle herewoughen, die behoren te scauwene, zyn scoudich te zine wyd XXXII voeten al overal zonder I roede ghehende den steenbrigghen waersere bachten of voren, ende waenre gheene causchiede; ende andere straten zyn scoudich te zine wyd XVI voeten, jocweghen VIII voeten, kercweghen VI voeten, maercweghen IIII voeten, manpadweghen II voeten. Waerd dat straten of jocweghen ende weghen voornomt waren wydere dant voorseit es, de goenne diese zoude nauwen, huine ware bi wetten, ware inde boete van III liv. II s.

TRADUCTION.

en pleine église, ainsi que cela est dit, qu'il y aura un escauwage le troisième jour ou après dans la semaine, avec cinq échevins, sous peine de LXII s.; et il doit faire cela pendant les dernières audiences du temps des plaids.

31). — Tous les chemins seigneuriaux sujets à escauwage doivent être partout larges de trente-deux pieds, sans compter une verge de chaque côté des ponts de pierre, fussent-ils en dedans ou en dehors; et là où il n'y a pas de chemins empierrés, les autres doivent avoir seize pieds de largeur; les chemins à brouettes, huit pieds; les chemins d'église, six pieds; les chemins de marché, quatre pieds; les sentiers, deux pieds.

Si les chemins précités étaient plus larges qu'il vient d'être dit, celui qui le rétrécirait, sans le consentement de la loi, serait passible d'une amende de III liv. II s.

De ghesceden van den straten ende van den weghen ende van den lande zyn scoudich te zine v dumen wyd ende v dumen diep.

32). — Menes gheene straten scoudich te scauwene die gheen uutganc hebben al over al. Ende hinnis ghene noot ontwee te stekene dammen, jocweghen, ne kercweghen of mene wilt doen omme scauwinghe.

33). — Alle de beesten die de here of d'amman zouden vinden in den wech of in de strate scauwende, zouden zyn der scauwers; ende de beesten die me zoude vinden ghestaect of wachtende in de straten of in de weghen, zouden zyn der scauwers, of zulke boete als behoort ter scauwinghen; ende dat sgoens wille wies de beesten zyn. Ende de scauwere es scoudich den mannen ende den

---

TRADUCTION.

Les séparations des rues et chemins doivent avoir cinq pouces de largeur et cinq pouces de profondeur.

32). — On ne doit pas escauwer les chemins qui n'ont pas d'issue. Et il est inutile d'établir des *dams* [1] sur les chemins à brouettes et sur les chemins d'église dans l'intention de les faire escauwer.

33). — Tous les bestiaux que le seigneur ou l'aman trouveront dans les chemins ou dans les rues, pendant l'escauwage, seront confisqués au profit des escauweurs; et les bestiaux qu'on trouverait attachés ou gardés dans les chemins ou rues appartiendront de même aux escauweurs, ou donneront lieu à une amende à fixer par les escauweurs contre les possesseurs des bestiaux.

L'escauweur est tenu de défrayer, selon l'usage du

[1] Batardeaux.

scepenen die hie met him leet omme te scauwene, up den dach dat hie zal scauwen hare costen bi der usagen van den Hope ende van den lande.

34). — Alst ghevalt dat iemene leet den here of den amman ende scepenen met him omme panden, zie ne zyn waer scoudich te hebbene cost van I beleidere sdaeghs bi der usagen van den hope.

35). — Van allen vechtinghen ende van allen melleien, nieweleit ghevallen ende begonnen, zyn scoudich dontscoudeghe XL daghen vertere achter den dach van der begonne.

36). — Die huussoukinghe doet dats te wetene bin eens mans belokene, de beleedere boet LX liv. of de vunst, alle de vermeneghers boeten LX liv. Ende alle de goenne die te helpen zullen commen den goennen

---

TRADUCTION.

Hoop, les hommes et les échevins qui l'accompagnent le jour de l'escauwage.

34). — Ceux qui accompagnent le seigneur ou l'aman et les échevins pour pratiquer une saisie, doivent recevoir le salaire d'un conducteur, selon l'usage du Hoop.

35). — Dans les rixes ou les troubles, ceux qui ne ne veulent pas être considérés comme coupables ou ayant commencé, doivent prouver leur innocence dans les quarante jours qui suivent le commencement.

36). Celui qui se rend coupable de violation de domicile, c'est-à-dire qui pénètre dans l'enclos de quelqu'un, est passible de LX liv. d'amende ou d'avoir le poing coupé; tous les complices d'une amende de LX liv.

Tous ceux qui viennent au secours de celui dont on

up wien me de huussoukinghe doet, dat zyt doen up hare verweren ende zonder boete. Ende van dustanen faite zal me nemen de waerheide van xxi mannen. Ende die van den v uten xxi zullen zyn ghehouden, die zyn scoudich te boetene elc de boete voorseit.

37). — Die vecht in kercmessen of bin den dorpe daer de kercmesse es, van kercmesse avende noenne tote kercmesse daeghs avende, hie boet xii liv, indien dat hys ghehouden zy bider waerheiden.

38). — De goenne die draghen kniven, schichten, ghizarmen, hachen, piken, glaiven, yserine, colven, misericorden ende stocken langhere danne v dumen den pyc. de boete es lxii s. zy hys ghehouden

---

TRADUCTION.

viole le domicile et qu'ils le font à leur corps défendant, ne sont passibles d'aucune amende; et de pareil fait, on prendra le témoignage de vingt-un hommes; ceux qui seront convaincus par cinq des vingt-un témoins seront passibles de l'amende susdite.

37). — Celui qui se bat pendant la kermesse [1] ou dans le bourg où a lieu la kermesse, depuis la veille du jour de la kermesse à midi jusqu'au soir du jour de la fête, sera à l'amende de xii liv., s'il est reconnu coupable par la vérité.

38). — Les porteurs de couteaux (*kniven*), de traits (*schicten*), de poignards (*ghizarmen*), de crochets (*hachen*), de piques (*piken*), de ferments (*yserin*), de massues (*calve*), de miséricordes et de bâtons dont la pointe est plus longue que cinq pouces, sont passibles d'une amende de lxii s.

[1] Il ne s'agit pas ici de *kermesse* ou *fête mondaine* comme on l'entend aujourd'hui, mais de la *fête religieuse de la paroisse*.

39). — Elc man mach him verweren met alre handere wapenen bin zinen belokene up zine verweringhe.

40). — De goenne die word ghehouden van eetzwerres van vechtene, van stridene, van helpe te roupene zonder noot, ende van allen crachten zonder wivene te vercrachteghene, de boete es LXII s.

41). — De goenne die ghehouden es van helpe te roupene zonder noot, dat hie zine noot moet staden met II goeden lieden de goenne up wien dat hie zine noot staet, boet LXII s. Ende die ghehouden es van helpe te roupene zonder noot dat mene daghe ten naesten dinghedaghe omme te stadene zine noot.

42). — De paie van zoendinghe van mans doot van mogentheiden bi wetten van den lande, es XII liv., ende IIII liv. van montzoennen.

TRADUCTION.

39). — Chacun peut se protéger dans son enclos et en légitime défense avec toutes sortes d'armes.

40). — Celui qui est convaincu par témoignage de jurés de rixe, de disputes, d'appels au secours sans nécessité et de toutes violences autres que viol de femme, est passible d'une amende de LXII s.

41). — Celui qui est accusé d'avoir appelé au secours sans nécessité est tenu de prouver, par deux bonnes gens, coutre qui il a appelé au secours, à peine d'une amende de LXXII s. Celui qui est accusé d'avoir appelé au secours sans nécessité doit être ajourné au premier jour de plaid pour etablir cette nécessité.

42). — Le prix de réconciliation, qui a lieu avec l'autorisation de la loi du pays, est pour un meurtre de XII liv. pour droit de réconciliation.

43). — Alle wonden die me moet hauwen, de paie es VII liv.; alle deurghinghe wonden in den lachame, de paie es VII ll.; elc led verminct van den vinghere, de paie es v s.; de vinghere, de paie xv s.; dat zyn de IIII vingheren, LX s.; ende de dume, alse veile als de IIII vingheren; ende de hant, alse veile als de IIII vingheren ende de dume; ende dats VI liv. de hant, alle bedecte wonden int ansichte ende in de handen zonder minkenesse elke v s.

44). — Alst ghevalt dat me draeght I zwerd van mans doot, hit behoort dat me neime XII zwerres die zweren den pais te houdene wel ende loyaleic; ende van den XII zweres, es scoudich te hebbene elc van simpelre paien xx s.; ende van doubbelre paien XL s.; ende van meer also ten avenante. Ende die XII zwerres zyn scou-

---

TRADUCTION.

43). — L'indemnité pour toute blessure qui exige une opération, est de VI liv.; pour une plaie profonde il est dû aussi VI liv.; pour la perte d'une phalange, v s.; d'un doigt, xv s.; de quatre doigts, LX s.; d'un pouce, autant que pour quatre doigts; pour la perte d'une main, autant que pour quatre doigts et le pouce, c'est-à-dire VI liv.; pour toute blessure non apparente au visage ou sur la main, sans mutilation, chaque, v s.

44). — Pour pouvoir porter une arme meurtrière il faut produire douze garants qui jurent qu'on observera bien et loyalement la paix; et chacun des douze garants doit avoir pour simple indemnité xx s., et pour double indemnité, XL s., et pour plus, à l'avenant. Les douze garants doivent être quatre germains, quatre issus de

dich te zine IIII rechtzwers, IIII anderzwers ende IIII derdzwers; ende elc die hebt ghedaen, den eet es scoudich te hebbene v s., van den xx s. Ende waerre doubble paie dat ware x s. Ende van meer also ten avenante.

45). — Ne gheen vindere es scoudich te nemene costen, ne heure, ne hovescheide omme tokisoen van der vinderscepe, dies ware ghehouden van eetzwerres up ix s.

46). — Die brulocht maect van huweleike ende gheift wyn te drinkene, hie es scoudich te neimene van elken persone diere eit xii d. Ende gave hie bier te drinkene, hie moet nemen van elken persone vi d. Ende waerd dat menue iemene verdroughe, de goenne die ne verdroughe ware, in de boete van LXII s. ware hys ghehouden van eetzwers; ende waerd dat ment iemene heeschede ende hyt niet ne gave ende hys ghehouden ware van eetzwers,

---

TRADUCTION.

germains et quatre arrière issus de germains. Chacun de ceux qui font serment doit recevoir v s. sur les xx s.; en cas de double paie, x s., et en cas de paie plus élevée, à l'avenant.

45). — Aucun fonctionnaire ne peut percevoir ni frais, ni indemnité à l'occasion de ses fonctions, à peine de LX liv. d'amende, s'il en est convaincu par jurés.

46). — Celui qui tient noces à l'occasion d'un mariage et donne à boire du vin, doit recevoir de chaque invité xii d. S'il donne de la bière, il doit prendre vi d. S'il en est qui sont exempts de payer, ceux qui ne se trouveraient pas dans ce cas devraient une amende de LXII s. Et si quelqu'un est poursuivi pour paiement d'écot, et

de boete es LXII s. ute ghedaen II spelemannen zonder meer.

47). — Niemene nes scoudich te spreken in de vierscare, achter datse ghebannen es, zonder orlöf of zonder taleman up III s. te boetene; zy hys ghecalengiert te tyt ende te wilen bi vonnesse van scepenen.

48). — Die speilt met terninghen, ende de herberge daer in dat me speilt, de boete es up elkerlike dies ware ghehouden bi eetzweres LXII s.

49). — Negheen taleman nes scoudich te hebbene meer danne xii d., vint mene in de vierscare; brinet mene van buten, II s. ende niermeer ghelden dander partien.

50). — Die zitterie hout, ende hys ghehouden es bi eetzwers, de boete es LXII s.

TRADUCTION.

convaincu par les jurés, il est condamné à LXII s. d'amende. Il n'y a d'exception que pour deux ménétriers.

47). — Nul, après être jugé, ne peut parler dans la vierscare sans permission et sans procureur à peine de III s.; c'est-à-dire s'il est calengié en temps et lieu par jugement d'échevins.

48). — Ceux qui jouent aux dés et le tavernier chez qui l'on joue sont passibles d'une amende de LXII s., à dire de témoins jurés.

49). — Un procureur ne peut avoir au delà de XII d.; s'il n'y en a pas dans la vierscare et qu'on en amène un du dehors, il reçoit II s. Les parties ne doivent pas payer au-delà.

50). — Celui qui tient une hôtellerie clandestine, et si cela est prouvé par des jurés, l'amende est de LXII s.

— 84 —

51). — Niemene nes scoudich te visschene in ander mans water up LXII s. zy hys ghehouden van eetzwers of daer ne ware de goenne wies twater ware of persone von zinen halve zyn broot ate.

52). — Alle upghelokene woeste husen langhere danne eene dinghetyt, de boete es LXII s., zyn zys ghehouden van eetzwers.

53). — Niemene mach meer verliesen met terninghen danne hie hebt an zine lachame, ende dat zyn es, hinne ware met tafelen of met scake.

54). — Negheen ghevanghen mach meer verteren danne XII d. sdaeghs, zonder wyn te drinkene ende wille hie drinken wyn dat hiene ombiede, ende hie es scoudich XII d. van yserghelde ten inganc ende XII d. ten uteganc.

55). — Verborne iemens huus ende tfier came van

TRADUCTION.

51). — Nul ne peut pêcher dans les eaux d'autrui à peine d'une amende de LXII s., s'il en est convaincu par témoins, par le propriétaire ou ses serviteurs.

52). — Toute maison en ruine et inhabitée plus d'un terme de plaid à plaid donne lieu à une amende de LXII s., sur la déclaration de témoins jurés.

53). — Nul ne peut perdre au jeu de dés plus qu'il n'a sur lui et autre chose que ce qui lui appartient, quand même ce serait au jeu de dames ou d'échecs.

54). — Nul prisonnier ne peut dépenser au-delà de XII d. par jour, non compris le vin ; s'il veut en boire, il est tenu de payer au geôlier XII d. en entrant et XII en sortant.

55). — Si une maison brûle et que le feu s'est déclaré

buten, de meentucht van den dorpe zouden him ziue scade ghelden, indien dat hyt bezochte ter wet van den brande.

56). — Ende waerd dat iemene heeschede den here of den baillu wet, ende zie him gheene wet ne wilden doen, mes scoudich te sommeirne den here of den baillu bi mannen of bi scepenen; ende warent de here of den baillu noch wetten, de mannen ende scepenen zyn scoudich te cesseirne tote de here of de baillu wet zal hebben ghedaen den goennen.

57). — De here ne de baillu mach nauwer wet-boden doen, indien dat de goenne die commen vooroghen ende wille wet ombiden up zinen buut of up souffissante bortocht wet te plienne, hinne ware van leliken faite.

58). — Negheene vierscare van scepenen die hout

TRADUCTION.

à l'extérieur, la communauté de la paroisse doit indemniser le propriétaire, pourvu que l'on fasse la déclaration devant le magistrat des incendies.

56). — Si quelqu'un demande au seigneur ou au bailli qu'il lui soit fait justice et que ceux-ci refusent, on doit sommer le seigneur ou le bailli devant les hommes. Si le seigneur ou le bailli sont occupés à rendre justice, les hommes et les échevins doivent attendre jusqu'à ce que le seigneur et le bailli aient fini les causes commencées.

57). — Le seigneur et le bailli ne peuvent jamais signifier une ordonnance de loi contre celui qui comparait volontairement et demande justice à ses risques, en offrant suffisante caution, à moins qu'il ne s'agisse de crime.

58). — Aucune vierscare d'échevins faisant partie

d'usage van den Hope moghe nemen meer danne III zaken in bezouke te haren hovede, ende namen ziere meer die zouden werden te niette.

59). — Mes scoudich te stekene wyn bi den here of bi den baillu of bi den amman, ende t'fat nes niet scoudich ydel te zine meer danne v dumen, up te boetene LXII s.; ende also van den keuwere als van den groten vaten.

60). — Elc banc van scepenen die zit in den Hoop mach maken statuten ende keuren up hare banc, up I boete van x s.

61). — Hadde iemene cateilen up ander mans lant, ende wies dlant ware wilde hebben gheydelt zyn lant ende hys him beclaghede ter wet, mes scoudich te roupene in vulre kerken up eenen zoendach daer dlant

---

TRADUCTION.

du Hoop ne peut porter plus de trois affaires à l'examen de leur chef de sens. S'ils en présentent davantage, les autres seront considérées comme non avenues.

59). — On doit entamer le vin en présence du seigneur, du bailli et de l'aman ; la pièce ne peut compter plus de cinq pouces de vide, à peine d'une amende de LXII sols, tant pour un tonneau que pour une grande pièce.

60) — Chaque banc d'échevins qui a son siége au Hoop peut faire des statuts et keures pour sa circonscription, mais sans pouvoir assigner des amendes supérieures à x sols.

61). — Si quelqu'un a des cateux sur une terre d'autrui et que le propriétaire de la terre veuille les faire enlever, on doit faire des publications le dimanche en pleine église du lieu où est située la terre, que l'enlè-

leight dat met ydele bin vii daghen ende bin vii nachten. Ende ydelt men niet also voorseit es, ende die dlant es comt weder ten here ende hie him beclaeght dat zyn lant niet gheydelt nes, de here es scoudich hant te slane an de catelen ende doenne rumen dat lant.

62). — Vinghe de here of de baillu iemene in zyn heerscep of in zine baillie die behoort ten Hope, ende hie him upleid ieneghe dinc daer of scepenen zyn scoudich te zine wisers, hie moetene houden III daghen ende III nachten; ende comme gheen claghere, hie essene scoudich te delivreirne bi der usagen van den Hope.

63). — Alle saken hoedaen dat si zyn, de welke ten scepenen vonnesse behoren, daer of sullen de scepenen hebben deerste kennesse ghelyc dat gheuseirt heift gheweist toten daghe van heiden.

TRADUCTION.

vement doit se faire dans les sept jours et sept nuits. Si on ne les enlève pas après ces formalités, le propriétaire se présente de nouveau devant le seigneur et se plaint de ce que l'enlèvement n'est pas fait; le seigneur est obligé de saisir les cateux et de les faire enlever.

62). — Si le seigneur ou le bailli emprisonnent, soit dans la seigneurie soit dans le baillage quelqu'un qui fait partie du Hoop, et qu'on l'accuse d'un fait de la compétence des échevins, on peut le retenir trois jours et trois nuits; et s'il ne se présente aucun plaignant, on doit le délivrer selon l'usage du Hoop.

63). — Toutes les affaires quelles qu'elles soient, dont le jugement appartient aux échevins, doivent être soumises d'abord à leur décision, ainsi que cela s'est toujours fait jusqu'à présent.

64). — Niemene nes scoudich te houdene valsch ghewichte ne valsche mate up LXII s. zy hys ghehouden.

65). — Niemene moet houden wyn taverne in dorpe of hit ne ware bi kerchoven of bi cruceweghen of up here straten up de boete van LXII s.

66). — Vinghe de here of de baillu iemene ende hie him upleide dinc die behoort te scependomme ende hie him wilde declareiren bi der waerheiden van den lande, scepenen nemen XXI souffissante mannen omme dien te claerne bi der usagen van den Hope.

67). — Als iemene gheift zinen kinderen lant in huweleike ende tghevalt dat vader of moeder van goenne kinderen willen vercopen goend lant, zie ne moghent niet vercopen of hinne ware properleike omme haren lachame te sousteneirne bi vonnesse van scepenen.

TRADUCTION.

64). — Nul ne peut tenir en sa possession de faux poids ou de fausses mesures sous peine de 62 s. d'amende, s'il en est convaincu.

65). — Personne ne peut tenir taverne à vin aux abords des cimetières, des carefours ou des chemins seigneuriaux, à peine d'une amende de 62 s.

66). — Si le seigneur emprisonne quelqu'un pour une affaire qui est de la compétence des échevins et qu'il veuille invoquer la vérité du pays, les échevins prennent vingt-et-une personnes honorables pour faire l'information selon l'usage du Hoop.

67). — Si après avoir donné des terres en mariage à leurs enfants, les père et mère veulent vendre la terre desdits enfants, ils ne peuvent le faire que pour l'entretien de leur personne et avec l'autorisation des échevins.

68). — Dat niemene zyn kint huwet ende goed gheift, erve of cateilen, hinne moet telker doot inbringhen de helt van cateilen ende van erven zonder achter bliven.

69). — Alle kinder die bewezen onder den here, zyn scoudich te zines heren laten tote dat zie zullen huwen elre, of dat zie ute vercopen, of dat zie zyn on laet bi wetten.

70). — Negheene laghe nes scoudich werdich te zine daer me gheift hofsteden, of mersch, of elst omme acker lant.

71). — Elc mach volghen zine ghebordichheide van laghen indien dat de goenne die de ghebordichheide wille volghen, wille gheven bi vonnesse van scepenen souffissante laghe, te tyt ende te wilen.

72). — Alle achterslamerghere van lantscouden, in-

TRADUCTION.

68). — L'enfant qui se marie et qui reçoit en dot des terres, fonds ou cateux doit à la mort de l'un de ses parents, rapporter la moitié sans retenue.

69). — Les enfants qui naissent sur le domaine d'un seigneur deviennent ses hostes jusqu'à ce qu'ils se marient dehors, ou qu'ils se libèrent ou qu'ils soient déclarés libérés par la loi.

70). — Aucun échange n'est tenu comme valable à moins qu'on ne donne ferme, pré ou bois contre terre à labour.

71). — Chacun peut poursuivre son retrait sur un échange, pourvu que le poursuivant veuille donner suffisant échange, d'après jugement d'échevins en temps et lieu.

72). — Tous ceux qui sont en retard de payer l'impôt

dien dat dlant der omme ghestelt zy in de kerke wetteleike, de boete es IIII s.

73). — Al dlant dat me verheurt, dat me dat ghehouden es te houdene de vorereworde, indien dat ment gheprouven mach met II goeden lieden, tote vi jaren.

74). — Die kerke of kerchof doet te banne, hie ne doet weder in pointe bin XLII daghen, hie boet LX liv. of de vuust.

75). — Dat niemene anderen zauken mach elre dan tsiere madelsteiden buten ghedaen stede van wetten up de boete van LXII s. indien dat hys ghehoudan es bi der waerheiden.

76). — Die andern vint in viere of in watere dat hiene ute trecken mach zonder boete.

TRADUCTION.

sur une terre, doivent une amende de IIII s., si cette terre est mise en adjudication légale à cause de cela.

73). — Pour toute terre qu'on loue, celui qui peut prouver par deux bonnes gens qu'il a eu la préférence, en a la location pour six ans.

74). — Celui qui blasphème dans l'église ou dans le cimetière, s'il ne fait pas amende honorable dans les 42 jours, est passible d'une amende de LX livres ou d'avoir le poing coupé.

75). — Personne, en dehors de la loi, ne peut statuer sur d'autres choses que sur les siennes propres à peine de LXII s. d'amende, s'il en est convaincu par la vérité.

76). — Celui qui trouve quelqu'un dans le feu ou dans l'eau peut l'en tirer sans aucune amende.

77). — Die halmen mach up den dinghedach zonder cost, hie mach tghelike doen kennesse zonder cost.

78). — Die der over es daer me zine ghebordichheide vercoopt, hie nebtere gheen beroupen an up te boetene LXII s.

79). — Dat elc man zy quite van tolnen in de vierscare daer hie behoort hinne zyn coopman van ziere coopmanscepe.

80). — Dat gheen scepenen moet zyn taleman inde vierscare daer hieie behoort, ne in vierscare daer me an him besouct.

81). — Alle de statuten voorseit moghen zyn ghebetert ten eersten Hope die commen zal ten profite van myn here ende van den ghemeenen lande te bezienne van den goennen die scoudich zyn te zine ende moghen zyn ende zullen zyn bi redenen ten voorseiden Hope. Ende zullen bliven alle de costumen ende d'usa-

---

TRADUCTION.

77). — Celui qui peut saisiner le jour de plaid sans frais, peut également ajourner tout frais.

78). — Celui qui vend son droit de retrait ne peut plus le revendiquer, et est passible d'une amende de LXII s.

79). — Un commerçant ne doit aucun tonlieu par son commerce dans la vierscare à laquelle il appartient.

80). — Aucun échevin ne peut être procureur dans la vierschare à laquelle il appartient ou dans la vierschare dont il fait partie, et à laquelle on va à chef de sens.

81). — Tous les statuts susdits peuvent être améliorés au prochain Hoop qui sera tenu dans l'intérêt du seigneur et de la généralité du pays, après examen de ceux qui doivent être, qui peuvent être et qui ont droit d'être

gen in hare cracht van den welken gheene declaratien hier boven es ghemaect, also me hebt gheuseirt ende ghecostumeert toten daghc van heiden.

Dit zyn de banken van scepenen die zaten in den Hoop te Hazebrouc : Belle, Hazebrouc, Steenvorde, Staple, Ruerscure, Zeghersoappel, Brouxele, Morbeque ende Meringhem.

TRADUCTION.

audit Hoop. Tous les usages et coutumes dont il n'est pas fait mention plus haut resteront en vigueur et demeureront coutume, comme on a usé jusqu'à ce jour.

Voici les bans d'échevins qui ont siégé au Hoop à Hazebeouck : Bailleul, Hazebrouck, Steenvoorde, Staples, Renescure, Zegherscapple, Broxele, Morbeke, ei Merville.

APPENDICE

A

PRIVILÉGES DES VILLES ET DES CHATELLENIES DE LA FLANDRE MARITIME, DÉPOSÉS A LA CHAMBRE DES COMPTES DE LILLE, LE 20 FÉVRIER 1382, PAR ORDRE DE LOUIS DE MALE

1382, 20 *février*. — « L'an M CCC IIII^{xx} et deux, le XXe jour de février, furent apportez à Lille, devers Monseigneur de Flandres, les previléges, lettres et munimens qui s'ensuivent, en la présence du conseil dudit seigneur, c'est assavoir : messire Rogier de Ghistelle, le seigneur de le Gruthuse, messire Grard de Raissighem, le chastellain de Furnes, messire Colard de le Clite, messire Jehan de Halewin, messire Jehan de Grispere, le doyen de Courtray et Henry Lippin, receveur de Flandres. »

I

BAILLEUL

Ceulx de Bailleul apportèrent les lettres et muniments ensuivant :

Premiers, une lettre en flament seellée du scel secré de Monseigneur de Flandre et des seelz de Monseigneur Henry de Flandres et de Monseigneur d'Ainghien, donnée à Bruges, le premier jour d'octobre, l'an M CCC XLVIII, ès quelles Monseigneur pardonne à ceulx de la ville et chastellenie de Bailleul tout ce que contre lui ou ses prédécesseurs ilz pueent avoir meffait ou mespris, et leur rent tous leurs libertez, lois, coustumes et usaiges, et veult que les alliances avec les Englés, avec le duc de Brabant ou autres, soient tenues et juré de les tenir et leur en laissier joir.

Item, une autre lettre de Monseigneur, seelée de son seel secré, adréchant au bailli de Bailleul ou son lieutenant, en laquelle Monseigneur mande audit bailli que à ceulx de la ville et chastellenie de Bailleul il tiègne et face tenir leurs libertez, coustumes et usages. Donné à Bruges, le Xe jour de novembre, l'an M CCC XLVIII. (*Les deux lettres dont ces deux articles font mention ne sont à rendre, car elles renferment les alliances faites avec les Anglois*).

Item, un viés rollet contenant ordonnances ordenet en le Mont de Hasebrouc, commenchant : Ce sont li Estatut ordenet en le Mont de Hasebrouc, etc.

Item, un livret contenant Estatuz ordonnez en l'Enqueste faicte à Cassel, le quart jour du mois de jullé, l'an M CCC XXIIII, commenchant : Ce sont li Estatut ordené en l'Enqueste faicte à Cassel, etc. (*Il n'y a riens seellé de ces II articles, si ne font aucune foy.*)

II

BERGUES

Ceulx de la ville de Berghes apportèrent ces lettres :

Premier, une lettre en romans, de la contesse Marguerite, contesse de Flandres et de Haynnau, de ce que ceulx de Berghes prendent leur chief à Furnes. Donné l'an M CC LXXI, le dimence aprez le XVe de Pasques.

Item, une autre lettre en romans, du conte Guy, conte de Flandres et marchis de Namur, des eschevins de Berghes qui l'ont esté l'une année, ne le pueent reestre jusques à la tierce année. Donnée aux Dunes, le dimence aprez la Chandeleur, l'an mil CC LXVI.

Item, une lettre du conte Robert, conte de Flandres, que ceulx de Berghes doivent faire loy des estraigniers dedens tierch jour. Donnée à Male, le samedi devant le jour St-Clément, l'an mil CCC et XI.

Item, encore une lettre dudit conte Robert, soubz le seel aux causes, que ceulx de Berghes pueent fortifier la ville sans estre mespriz. Donnée à Harlebeque, l'an M CCC et XIIII, le merquedi aprez le St-Pierre entrant aoust.

Item, une lettre en romans, de mons. Loys, conte de Flandres, de Nevers et de Rhetel, en laquelle il confirme tous les priviléges, libertez et bons usages de la ville de Berghes. Donnée à Berghes, soubz son grand seel en chire vert, le drainar jour d'aoust, l'an M CCC et cinquante.

Item, encore une autre lettre en romans, dudit Monseigneur, soubz son grand seel en chire gaune, comment il mist main à la ville de Berghes et y fu receuz et fist son serment comme seigneur, sans moyen, et promist ceulx de Berghes à garantir contre madame de Bar. Donnée à Berghes, le XXXe jour du mois d'aoust, l'an M CCC et cinquante.

III

LA CHASTELLENIE DE BERGHES

Ceulx de la castellenie de Berghes apportèrent un privilége en latin, du conte Thumas, conte de Flandre et de Haynnau, et de Jehane, sa femme, contenant les cores du terroir de Berghes. Données l'an M CC XL, ou mois du juing.

Item, une lettre en latin, de la contesse Marguerite, d'un accort qu'elle fist entre ceulx du terroir de Berghes et les eschevins de Dunkerke, du cours de l'eaue, qu'on appelle *waterganghe* et des escluses, et à qui les adrechemens en appartiennent. Donnée l'an M CC LIII, ou mois de mars.

Item, une lettre en latin, du roy Philippe, roy de France, de ce qu'il confirme tous les coustumes, lois, priviléges et droits du terroir de Berghes, et en oultre leur consent qu'il pueent prouver corps deffendant. Donnée à St-Germain-en-Laye, l'an M CC IIII^{xx} XVIII, ou mois de septembre.

Item, une lettre en latin, dudit roy Philippe, des coustumes et usaiges des villes et chastellenie de Berghes, de Bourboure, de Dunkerque et de Mardike. Donnée à Euglemoustier, l'an M CC IIII^{xx} XVII.

Item, une lettre en romans, seellée du seel du conte Guy, conte de Flandre et marchis de Namur, des hostagers qu'on appelle *ghiselsceep*, de ceulx de la chastellenie de Berghes. Donnée à Cassel, l'an M CC LXXVII, le dimence aprez le Saint-Luc.

Item, encore une lettre en romans, dudit conte Guy, que toutes les terres gisans en la chastellenie de Berghes seroient tailliables ainsi que les coriers les asserroient, excepté terres de bourgois, de chevaliers et des hommes ou conte. Donnée l'an M CC LXXVI, le joedi devant le jour St-Nicholay.

Item, encore une lettre en romans, dudit conte Guy, et approuvée de Robert, conte de Nevers, seigneur de Béthune et de Tenremonde, son aisné filz, que ceulx de la chastellenie de Berghes pevent paisiblement joïr des avoirs de leurs bastars. Donnée l'an M DD LXXIII, ou mois de may.

— Et toutes ces lettres dessusdites de la chastellenie de Berghes, sont moult deschirez, gastez et sales.

Item, encore une lettre en romans, dudit conte Guy, de ce qu'il consent à ceulx du mestier de Berghes, l'avoir des bastars et voelt qu'il en joissent. Donnée l'an M CC LXXIII, ou mois de may.

(Mémoire est faite en l'autre papier de ces bastars, jasoit ce qu'il en joissent autre part.) (1)

Item, une lettre du conte Robert, conte de Flandre, des trièves de XL jours ou terroir de Berghes et de leur hostagers qu'on nom *ghiselsceep*. Donnée à Gand, l'an M CCC et XIII, le samedi devant la conversion de St-Pol.

(1) Ceci est la dernière annotation marginale. Les chartes enlevées aux villes sont désormais désignées simplement par une croix.

Item, une lettre en romans, de monseigneur Loys, conte de Flandre, de Nevers et de Rhetel, soubz son grand seel, comment il mist main à la ville et chastellenie de Berghes et illeuc fu receu et y fist serment comme seigneur, sans moyen. Donnée à Berghes, le XXX° jour du mois d'aoust, l'an M CCC et cinquante.

Item, une lettre de monseigneur Loys, conte de Flandre, duc de Brabant, conte de Nevers, de Rhetel et sire de Malines, contenant que l'enqueste que Monseigneur fist tenir ne porte préjudice à ceulx du terroir de Berghes. Donnée à Ecclo, le XXV° jour de septembre, l'an M CCC LVIII, soubz le seel aux causes.

Item, encore une lettre de mondit seigneur, soubz son seel aux causes, contenant certain accort du débat qui avoit esté entre ceulx de la ville et ceulx de la chastellenie de Berghes, pour les bourgois forains, et pour ce que ceulx de la castellenie demandoient issue aux bourgois de Berghes d'avoir qui leur pooit avenir en la castellenie, dont il s'estoient accordé ensamble ; lequel accort Monseigneur cognoist sur eulx et promet de le faire tenir s'aucuns alast ou féist au contraire. Donnée à Male, le second jour de juin, l'an M CCC LXV.

IV

BOURBOURC

Ceulx de Bourbourc apportèrent un privilége en latin, du conte Philippe, conte de Flandres et de Vermandois, de ce que ceulx de Bourbourc ou Nuefport, qu'on appelle Gravelinghes, sont quittez de thonlieu. Donné à Berghes, l'an mil C LXXIII. Et est ledit privilége moult, gasté et deschiré.

Item, une lettre en latin, du roy Philippe, roy de France, par laquelle il conferme à ceulx de Bourbourc, toutes leurs bonnes coustumes, lois, priviléges et droiz. Donnée à St-Germein-en-Laye, l'an M CC IIII^{xx} et VIII.

Item ne lettre en romans, de messire Robert, sire de Cassel, contenant la pais de Cassel. Donnée à Warneston, le lundi végile de l'Assumption de Notre-Dame, l'an M CCC XXIX.

† Item, une lettre en flamenc, de monseigneur Loys, conte de Flandres, de Nevers et de Rhetel, seellée de son seel secré et des seelz de messire Henry de Flandre et de monsieur d'Ainghien, de ce que Monseigneur pardonne à ceulx de Bourbourc tout ce qu'il pueent avoir mesprins contre lui ou ses prédécesseurs et leur rent previlége, costume et libertez et consent les alliances, etc. Donnée à Bruges, l'an M CCC XLVIII, le darrain jour de septembre.

† Item, apportèrent un papieret en romans, contenant les coustumes de la ville de Bourbourc et commenche : ce sont les usages sur le cours et le loy de Bourbourc, dont eschevin ont pooir de jugier et doivent cognoistre, c'est assavoir de murdre, de femme efforchier, de rapine, d'archin, d'omicide, de reroef, de l'archin et de toutes autres choses qui pueent escheir ou avenir dedens l'eschevinage, etc.

V

LE CHASTELLENIE DE BOURBOURC

Ceulx de la chastellenie de Bourbourc apportèrent un privilége en latin, du conte Thumas, conte de Flandres et de Haynnau, et de la contesse Jehane, sa femme, contenant les lois et cores de la chastellenie de Bourbourc. Donné l'an M CC XL, ou mois de juing.

Item, une lettre en romans, du conte Guy, conte de Flandres et marchis de Namur, contenant certaines modération de le hostager, qu'on appelle *ghiselcep*, de la chastellenie de Bourbourc, comprins en brief de leur core. Donnée à Cassel, l'an M CC LXXVII, le dimence apez le jour St-Luc.

VI

CASSEL

Ceulx de Cassel apportèrent un privilège en romans, du comte Guy, de renouveler une fois l'an eschevins de Cassel au jour saint Rémy, et que ceulx qui l'ont esté une année ne le pueent estre l'autre année aprez. Donné à Cassel, l'an M CC LXXVII, le Jundi après la Magdalaine.

Item, une lettre en romans de monseigneur Loys, conte de Flandre, duc de Brabant, conte de Nevers, de Rhetel et sire de Malines, soubz son grand seel, en laquelle estoit encorporé le teneur d'unes lettres de madame Yolend de Flandres, contesse de Bar et dame de Cassel, contenant que la franquefeste de Cassel, qui ne soloit durer que du samedi aprez la Penthecouste, jusques au merquedi aprez, elle a ralongié dudit merquedi jusques au samedi aprez en suivant; lesquelles lettres Monseigneur a confirmé. Et furent les lettres de madame, données à Dunkerque, l'an M CCC XLVII, le samedi aprez le my-quaresme et les de Monseigneur données à Gand le XXIIe jour du mois d'aoust, l'an M CCC LXXVIII, et signées.

Item, une autre lettre en romans, dudit Monseigneur, soubz son grand seel, en laquelle est encorporé le teneur d'une lettre de madame de Bar, par laquelle elle consent, à ceulx de Cassel, issue des biens venans aux estraignes des bourgeois de Cassel; données les lettres de Madame au castel de Nieppe, l'an M CCC LXXVIII, le vendredi aprez le my-aoust, lesquelles lettres Monseigneur a confermez. Données les lettres de Monseigneur à Gand, le XXIIe jour d'aoust, l'an M CCC LXXVIII, et signées.

Item, une autre lettre de Monseigneur, soubz son grand seel en chire vert, en laquelle est encorporé le teneur d'une lettre de madame de Bar, de ce qu'elle consent à faire certaine draperie à Cassel et ès XI paroches des mestier de

Cassel, lesquelles lettres de madame, et aussi celles de Monseigneur sont en date et signées pareilles comme les précédentes.

Item, apportèrent lesdiz de Cassel un viez livret de pappier contenant certaines estatus, et commenche : « ce sont li Statut ordené en l'enqueste faicte à Cassel le quart jour du mois de jullé, l'an de grâce M CCC XXIIII, et juré par Jehan Tote, adont bailli de Cassel, etc.

Item, apportèrent en une cédule en papier escripte en flament, plusieurs poins et articles de franchises et libertez appartenans à la ville et aux bourgeois de Cassel, et commenche : Dit zim de pointen ende articlen, etc.

(Les Lettres de Cassel se pueent passer et rendre, mais le petit livret est à coriger selonc la brige qui est en I feuillet de papier fait autrefois par le conseil de Monseigneur de Flandres).

VII

DUNKERKE

Ceulx de Dunkerke apportèrent un privilége en latin, du conte Philippe, conte de Flandres et de Vermendois, sans date, contenant que les bourgois de Dunkerke, en et partout son pays, sont franc de thonlieu et de coustumes, excepté à St-Omer, ou là où St-Omer a droit de thonlieu ou de coustumes.

Item, une lettre en latin, de la contesse Jehane, contesse de Flandre et de Haynnau, que ceulx de Dunkerke pueent user de leurs lois et drois, comme ilz faisoient du temps le conte Philippe. Donnée a Bourbourc, le dimence ès octaves de la Magdelaine, l'an M CC XVIII.

Item, unes lettres en romans, du conte Guy, conte de Flandre et marchis de Namur, qui ne sont point seellées, de ce qu'il commet en son lieu le bailli de Berghes, pour ottroier à ceulx qui demeurent ou venront manoir à Leffringhehonc, sur le mer, au lieu qu'on appelle le Horde-Sainte-Catherine, telz lois et libertez à avoir à Dunkerke, comme ceulx de

Lombardie ont à Neufport. Données l'an M CC LXV, le mardi aprez les octaves de St-Pierre et St-Pol.

Iten, une lettre en romans, du conte Robert, conte de Flandre, d'une sentence donnée entre ceulx de Berghes et ceulx de Dunkerke, de ce que bourgois de Dunkerke, mefferont en la ville et chastellenie de Berghes, seront et demourront à la cognissance de le loy de Dunkerke, excepté de *straetschauwinghe*, de *waterschauwinghe*, et quant il seront prins en présent fait. Donnée à Male, le jour de le Notre-Dame de le Chandeleur, l'an M CCC et X.

Item, une lettre de mons. Loys, conte de Flandres, de Nevers et de Rhetel, soubz son grand seel, de ce qu'il pardonne à ceulx de Dunkerke tout ce qu'il pueent avoir mesprins, etc., et leur rent leur previléges, libertez et coustumes, et consent les alliances, etc. Donnée à Male, le darrain jour de mars, l'an M CCC XLVIII.

Item, encore une lettre en romans dudit Mons., soubz son grand seel en chire vert, en laquelle est encorporée une sentence en temps passé, donnée par le conte Robert, entre ceulx de Berghes et ceulx de Dunkerke, lesquelles lettres et sentence Monseigneur approeve et conferme. Donnée à Male, le XV° jour de novembre, l'an M CCC et cinquante.

Item, encore une lettre en romans, dudit Monseigneur, soubz son grand seel en chire jaune, ésquelles lesdictes lettres du conte Robert sont aussi encorporées et par sentence entre ceulx de la ville et de le castellenie de Berghes, d'une part, et ceulx de Dunkerke, d'autre, Monseigneur les juge de valeur et quelles soient tenues. Donnée à Male, le XXVII° jour de décembre, l'an M CCC et cinquante.

VIII

MARDIKE

Ceulx de Mardike apportèrent une lettre en latin de la contesse Jehane, contesse de Flandres et de Haynnau, de ce que ceulx de Mardike pueent user de telz lois et drois comme il firent du temps le conte Philippe. Donnée à Bourbourc, le dimence ès octaves de Ste-Marie-Magdalaine, l'an M CC XVIII.

Item, une lettre en romans, du conte Robert, conte de Flandres, soubz son petit seel, adrechant à tous bailliz de Flandres que ceulx de Mardike soient tenuz quitte de thonlieu, jusques adont que par lui seroit déclairié s'il le devroient ou non. Donnée à Alost, l'an M CCC XIX, le XX° jour de février.

Item, une lettre en latin, du conte Robert, soubz son grand seel, par laquelle il conferme les lettres de la contesse Jehane, dessus notée. Donnée à Alost, l'an M CCC XIX, le XX° jour de février.

Item, un vidimus en romans, soubz le seel de la ville de Dunkerke, ouquel est encorporé le teneur d'une lettre en latin des eschevins de Dunkerke, tesmoignant que ceulx de Mardike par tout Flandre, doivent être franc et quitte de thonlieu. Donné le vidimus l'an M CCC XXXVI, le jour St-Thomas devant Noel.

Item, encore sur ce meisme, un vidimus en romans, soubz le seel de la ville de Gravelinghes. Donné l'an M CCC LVII, le XII° jour du mois de mars.

Item, une lettre en romans, de monseigneur Loys, conte de Flandres, de Nevers et de Rhetel, de ce qu'il mist main à la ville et chastellenie de Berghes et à la ville de Mardike, appendant de la ville de Berghes et qu'il fist serment à Berghes, présents portemaistres, eschevius et toute la communauté de la ville de Mardike. Donnée à Berghes, le darrain jour d'aoust, l'an M CCC et cinquante.

IX

OPINION DU CONSEIL TOUCHANT CES PRIVILÉGES

— « Les seigneurs du conseil ont visité les privilèges de le ville de Cassel et ne trovent point qu'il soient auquns préjudicialz, excepté le costume de assembler le Hoop et le mandement des murdres et homicides et du raplégement de le franke-vérité, lesquels Monseigneur réservera pour lui d'en ordener.

Ceulz de le Castelerie de Cassel n'ont apporté aucun seelle.

Ceulz de Warneston ne apportèrent que I livret en papier, contenant leurs usages.

Ceulz de Bailleul sont aussi visitez et ont lettres de pardon de Monseigneur, données l'an XLVIII.

(*Elle est retenue par Monseigneur.*)

Poperinghe sont visitez et ont deux lettres du grand seel Monseigneur, l'une des bannissures qui est pour Monseigneur, et l'autre de confirmations de waterghanc qui pau touche Monseigueur.

De ceulz de Bourbourc aussi sont visitez, les lettres et previléges et n'y troeve on riens contre Monseigneur, mais il est bon que Monseigneur retiengne les lettres de messire Robert de Cassel.

De ceulz de la Castelrie de Brouborc sont veuz leurs previléges et touchent bien pau Monseigneur.

Dunkerke, sont visitez et wardera on deux lettres seelléez du grand seel Monseigneur, touchans ceulz de Berghes et de Dunkerke.

Les previléges de la ville de Berghes ont aussi esté regardiez, mais on n'y troeve riens contre Monseigneur.

De ceulz de Mardic on ne troeve riens qui est contre Monseigneur.

De ceulz de Rollers, il n'ont apporté que une lettre de Monseigneur, donnée l'an XLVIII et sont deseuréez de seel et d'escripture pour ce qu'il estoient mal gardéez, et on suppose qu'il en ont plus.

(*Elle est retenue*).

Item, de ceulz de Loo sont vehuez et regardéez et ne voit on chose qui soit contraire Monseigneur, mais il y a une lettre de pardon et de loys nouvelles qui sont expiréez, et Monseigneur en rechoit à hiretage XX libvres par an parisis.

Le chastellenie d'Yppre, I pardon l'an XLVIII et qu'il demeure devers Monseigneur; mais on tient qu'il ont autres choses qu'il n'ont point apportéez.

Sur le CHASTELLENIE DE BERCHES, tout est visité et regardé, mais est bon que mémore soit des biens des bastars qu'il dient estre afrankiz.

Les previléges de Noefport sont visitéez et on n'y troeve riens contre Monseigneur, ainsi qu'il samble; mais faut reprendre les lettres du pardon de l'an XLVIII.

La chastellenie de Furnes a pluseurs previléges et sont visitez et Monseigneur n'a riens ès batars; mais les hoirs partissent leur biens par l'otroy et previlége du conte Guy.

La ville de Furnes, apportèrent leur previléges et sont visitez et n'ont point de previlége que leur bourgois puissent estre sur leurs piez quant il ont meffait, et est bon d'oster le lettre du pardon de l'an XLVIII.

Original en papier, repris sous le n° 11,107, article B 1,006 du fonds de la chambre des comptes de Lille, et portant au dos cette analyse : « Par cest feuillet appert que les previléges du West-Flandres ont esté visitez et notez, lesquelz sont contre monseigneur le conte [1]. »

B

CHANGEMENTS INTRODUITS PAR LE COMTE DE FLANDRE
DANS LES LOIS DE BRUGES ET DES AUTRES
VILLES DE FLANDRES.

CHE SONT LI POINT LIQUEL SI COMME IL SAMBLE SERONT BON
POUR AUCUNES DES VILLES ET CHASTELLERIES MONS' A
METTRE ENTRE LES AUTRES POINS DES LOIS QUE MESSIRE

[1] Ce document a été publié par M. ED. LE GLAY, *Chronique rimée*.

LEUR BAILLERA, LIQUEL SONT EXTRAITS DES POINTS DE
LE LOY DE BRUGES [1] QUE LI COMTES A BAILLIÉ DE
NOUVEL.

I. — Premiers, que eschevin, bourchmaistre et consel quant il seront fait, avoeques les autres points acoustumé à jurer, jurront les priviléges, loys, franchises, ordenances ou establissements ore de nouvel bailliés, à tenir et garder fermement en le manière chi escripte.

II. — Item, quiconques sera convaincus d'estre ou avoir esté ou sourvenus en l'ayde de celi qui ara homme tué, il sera en l'amende de LX livres au signeur, et se li fait avient de nuit avoeques ladicte amende sera il bannis VI ans ou VII sour le teste comme de villain fait.

III. — Item, quiconques seroit en aide ou feme seroit esforcié sanz main y mettre, et de ce seroit convaincuz, il sera bannis VI ans, sur le hart s'il est homs, et si c'est feme sur la fosse ; et qui y metteroit la main et en seroit atains, il seroit bannis C ans du pays et I jour, li homs sur le hart et la femme sur la fosse.

IV. — Item, quiconques sera bannis pour amende de LX livres il sera *ex lex* c'est wetteloiz, jusques à tant que il ara satisfié au signeur et à partie.

V. — Item, qui sera bannis à terme de villain fait et il revient ens dedens le terme sanz l'otroi dou signeur et il soit cogneu par eschevins, il sera perpétuellement *ex lex* et sera ses termes doubles.

VI. — Item, qui tue bany sour la vie sour membre ou de villain fait durant le terme de se bannissure devens les bonnes dont il sera banny il n'en sera à nulle amende.

---

[1] Le 9 mars 1382, la ville de Bruges fut obligée de faire visiter ses priviléges. On en retint un grand nombre. — Ibid.

VII. — Item, quiconques sera en ayde de celi qui assarra maison et il en est convaincuz, sera à LX livres d'amende.

VIII. — Item, quiconques assaura (sic) autrui en se maison, il sera bannis s'il en est atains par loy comme de villain fait à le volonté du signeur et cilz qui sera ensi asalix se porra desfendre sanz mesfaire.

IX. — Item, nulz ne brise trives, s'il ne les brise de se main.

X. — Item, quand I fait est avenus soit de mellée ou de mort, le parent des coupable d'ambe deux parties et qui n'aront esté au fait aront trives XL jours et le jour tout après le jour dou fait avenu.

XI. — Item, se faide est entre partie, li sires puet prendre ghiseles de s'intorité et mettre les en certain liu à certain terme ; et se pais ne se fait dedens le terme, li sires porra les ghiseles changer et les tenir XL jours, et se pais ne se fait dedens les XL jours, li sires puet les ghiseles tenir et mener là il vaudra dedens se terre tant que pais sera faite et porra li sires adont contraindre le partie par qui il demorra que pais ne se fait par se signourie s'il li plaist à ce que il prendrent pais raisonnable et acoustumée par li.

XII. — Item, quiconques sera pris en ghisele, et il ne y vient dedens le terme à ce assiz, ou quant il y sera entrez et en istra sanz le congié du signeur et de le loy, et che sera cognut à loy, il sera hors loy et bannis dou pays sour le teste ; et qui mesfroit sour le ghisele tant que il seroit en ghisele, il perdroit la teste ; et li parent des ghiseles qui ne seroient point en ghisele qui mesfroient l'un à l'autre le terme du ghiselschep durant, fourferoit chascuns LX livres ; et nuls ne puet brisier ghisele s'il ne le fet de se main, ne nulz ne puet pour faire le vie d'autri.

XIII. — Item, s'aucuns navre autrui et il est pris, il sera tenus en prison tant que li périls de la mort sera passez à la cognissance de le loy et du mire, par son sèrement et après on en fera loy selonc le fait, c'est à savoir : mort pour mort, membre pour membre, et se cilz qui le fait ara fait s'en va sans estre pris, la loi rewardera les plaies, et celi qui li navrez nommera que le fait ara fait sera adjournez à loy si comme on l'a acoustumé; et s'il ne vient, il sera banny de tel fait que le loy jugera selonc le mesfait du fait.

XIX. — Item, et si aucuns est navrez, il doit fère se plainte devant le loi, s'il puet parler, et s'il ne puet parler ou il est mors, uns de ses parens en tierch ou plus prez, porra faire le plainte dedens le xv jours dou fait avenu; et se on ne le fait ainsi, li plainte charra en le main du signeur, et le porra li sires faire poursevir et tout ainsi porra li sires faire en touz autres cas, là où plaingnières défaura de sa plainte faire dedens le quinzaine, se li cas avient en chastellerie hors de ville de loy; et s'il avient en ville de loy, il convenra faire le plainte dedens le tierch jour.

XV. — Item, se aucuns afole autrui ou brise bras, gambe ou cuisse sanz plaie de bastons, il sera à LX livres d'amende au signeur; et là il y ara afolure sanz perdre membre, ce sera x livres l'amende; et s'il ne y a mort ne afolure ne membre brisié, l'amende sera VI livres.

XVI. — Item, qui ferira autrui dou poing ou de paume, ou sakera par les kevens ou mettra main en li en autre manière par maltalent, il sera à LX solz d'amende; et s'il l'abat à terre, il sera à x livres d'amande.

XVII. — Item, quiconques cachera autrui à armes, quelzconques elles soient, ou met hors de sen liu ja soit ce que il ne l'enfière, s'il en est atains par loi, l'amende est LX livres.

XVIII. — Item, s'aucuns est assaliz à armes il se puet desfendre en nécessité sanz amende; et s'il est assaliz sanz armes, il se puet desfendre à tempérament sanz armes sanz amende, s'il est ainsi trouvé véritablement.

XIX. — Item, de tous mesfaits qui aviénent de nuit sera l'amende doublée ; et est à entendre de fait de nuit, quanques fait sera puis soleil escousant jusques à soleil levant.

XX. — Item, qui fera autrui tuer ou asfoler, s'il est trouvez en vérité que il l'ait fait faire ou que il l'ait confessé sans constrainte, il sera tenuz du fet, si avant que cilz qui le fait fait de le main, et se on le fait en trièves ou en pais ce sera murdres.

XXI. — Item, quant li sires ou autres de par le signeur à ce commiz devant II preudommes demandera avoir trives à aucun hui, et cilz ne les voet donner de quelconques content que ce soit, tantes fois qu'il le refusera, tantes foiz escherra en amende de LX livres, et porra li sires prendre son corps et mettre en prison tant que il ara les trives données.

XXII. — Item, tout mesfait porront estre prouvé par toute manière de gent digne de foy, et porra chascuns amener tels tesmoins que il volra, mais que ce soient bonne gent et loïal.

XXIII. — Item, se aucuns est atains par loi de tolir autrui le sien par force sanz roberie, il rendera ce que il ara tolu, et en sera à LX livres d'amende ; et s'il y a roberie, il sera puniz si comme on l'a acoustumé.

XXIV. — Item, se aucuns herberge [1] banny et il en est atains, il sera à LX livres d'amende.

XXV. — Item, se aucuns laidenge autrui de paroles, il l'amendera à l'ordenance du signeur et de la loy.

XXVI. — Item, eschevins de ville, de loy et coerier ou eschevin de dehors conjuré du signeur ne puesnt prendre que III respytz, et se au quart jour de plait n'en rendent jugement, il doivent apporter le plaidiet en la cambre de mons^r ou devant ses gentz à ce députez comme à leur droit

---

[1] Loge.

cief et ce que là leur sera donné en kerke, il devront jugier avant sans riens muer ne changer.

XXVII. — Item, quiconques sera atains de faus tesmoingnage porter, il sera punis par le signeur et par le loy par signe publique, et jamais ne sera creuz.

XXVIII. — Item, quiconques desdira ce que le loy jugera ou racordera, il sera en amende de LX livres au signeur et à chescun des eschevins ou coeriers que il aura desdit x livres, sauve che que li bailleur ou li conjureres, si bon li samble, et que leur jugements ou leur racords soit fausement jugié, les en puet lever et leur mettre jour devant mons^r, et messire fera le cause traityer, amender et déterminer par raison.

XXIX. — Item, se aucuns voet appeller de faus jugement d'eschevins ou de coeriers, il doit appeler à mons^r et par li sera li cause terminée et ne porra nulz demander, sour l'amende de x livres, les eschevins ou les coeriers devant jugement avoir mené à leur kief-lieu.

XXX. — Item, Quiconques se départira de prison sanz congié de le justice, il sera tenuz pour ataintz et convaincu du cas pourquoi il ara esté pris.

XXXI. — Item, les eschevins et les bourgeois des villes de loy rendront raison une foiz en l'an, pardevant mons^r ou ses commiz de l'aministracion des villes, et les porra li sires à ce constraindre et à faire amender et adréchier ce que il li samblera que de raison sera à amendes à leur compte.

XXXII. — Item, quiconques sera arrestez de mort de homme ou de villain cas, instera de prison jusques adont que loy en sera courue.

XXXIII. — Item, tout mesfait qui avenront en église, en lieu saint ou sour personne de sainte église, ou sour personne de conseil, juré du signeur ou commissaires de par li, en besoingne li commise faisant, le recheveur du signeur, bailliu, chastellain ou sergant juré pour raison de leur office; item, tout mesfait de commune, toute rescoe ussou vengance faite contre le signeur, ses successeurs ou officiers dessus nommez; item, touz bans à fère; item, toutes exécutions et amendes jugiées à lever et tout autre cas appartenant à la noblèce, signerie et hautéche du signeur, appertenront purement au jugement de monsr et de ses successeurs, et l'enqueste ou cognissance première se fera par li appelez à ce ceaux qu'il li y seront commiz.

XXXIV. — Item, se aucuns mesfaisoit à aucun hui, qui ait esté, ou seroit pour le temps à venir en office, service ou commission de par le signeur et il s'en plainsist, ou autres pour li, que ce fust avenu pour l'ocoison dou service, office ou commission dessusdiz, et fust ainsi trouvé par le signeur ou de par li par bonne vérité tèle que dicte est, cilz qui de ce seroit trouvez coupables, seroit puniz et corrigietz par le signeur et par se signerie tout ainsi comme s'il fussent encore oudit service, office ou commission.

XXXV. — Item, quiconques sera condampnez en amende pécuniare, li sires porra prendre partout en se terre l'amende sour ses biens et exécutera quelque part et lieu que on les porra trouver, et demorront ses biens obligiets au signeur pour l'amende à quelconques personne ou par quelconque title il soient translaté; et porra li sires prendre le corps et tenir en prison par toute se terre, s'il ne puet trouver à exécuter ses biens dusques à tant que il ara satisfié de l'amende.

XXXVI. — Item, tous les mesfaiz et touz autres cas qui sont avenus puis IIII ans en enchà qui n'ont esté miz à loy pour ce que on ne faisoit point de loi à l'ocoision des esmuetes et rébellions dou pays qui a loy appartiennent, seront miz à loy et en fera on loy tout si avant que se on l'eust fait dedens le terme que on devoit, avant ces esmuetes, par coustume mettre cas à loy, se nulle muete ne eust esté et ne sera mie couruz li temps au contraire durant ces esmuetes et rébellions.

XXXVII. — Item, ès villes de loy ne seront jamais vindres, doyens, hoeftman ou autre capitaine de mestier pris ne esleuz sour paine capitale, sauve che que li sires et la loy porront prendre preudommes pour awarder sour les dras et sour les vivres, afin que on les face à point, et sour ce porront establir tèles amendes que bon samblera au bailli et à la loy.

XXXVIII. — Item, toutes fois que li sires ara besoing d'avoir gentz d'armes pour la desfense de son pays ou pour contester les rebelles ou pour autre juste cause, cil de sa terre li seront tenu de aidier en ce cas ; et s'il les en semonst souffisamment, et il ne venoient à sa semonse qui de ce seroit trouvez en défaute il seroit tenuz de corps et d'avoir ; et s'il les voloit mener hors de sa terre pour son hiretage et droiture sauver, si seroient il tenu de venir à son mant avoeques li, quant il les aroit à ce souffissament semons, ainsi comme on l'a acoustumé ; et qui en seroit trouvé en défaute, il seroit hors loi à tous jours et à la volenté dou signeur de corps et d'avoir.

XXXIX. — Item, nulz ne puet délivrer corps ne biens arrestez par le signeur sans le congiet du bailliu.

XL. — Item, nulz ne porra jamais faire taille, assise ou autre imposicion ne prendre les, ne rechevoir sour corps de ville ou sour mestier ou autre, ne prendre amendes sans le congié dou signeur.

XLI. — Item, cil des villes de loy ne autres ne porront jamais, en temps avenir, par eus fère keures, estatuz ou ordenances perpétuelz ne temporelz, sans l'otroi du bailliu.

XLII. — Item, nulz ne porra jamais faire congrégacions ou assemblées de commun, ne de mestier, sanz le congiet du bailliu.

XLIII. — Item, nulz ne mésusèce de ces lois dessus escriptes, et qui en mesuseroit ou feroit au contraire combien de temps que on en mésusast, ne puet valoir à nulli ne avoir prescription de temps pour li, ne ne s'en porra nulz aidier ni traire à son droit.

XLIV. — Item, toutes ces lois chi escriptes et leur autres bons, anchiens usages et coustumes raisonnables, nient contraires à cestes, sont otroïé en tèle manière que touz autres usages et coustumes desraisonnables et contraires à cestes, sont rappelé et anienti.

XLV. — Item, retient on l'interprétacion et déclaration à fère en bonne foy selon raison des autres choses chi escriptes et nient escriptes, toutes foiz que bon samblera et pourfit au signeur et au pays et que li sires en sera requis.

Chambre des comptes de Lille, rouleau en papier, écriture XIVe siècle, sur le dos duquel on lit : « Che sont les points estans de le loy de Bruges, » et de la main des Godefroy, *environ l'an 1524.* B. 1322, n° 14576.

Lille, imp. Lefebvre-Ducrocq.

TABLE

PRÉLIMINAIRES 6

I. — Description du manuscrit qui contient le Statut des Enquêtes de Cassel et le Statut du Hoop d'Hazebrouck.   7

II. — Institution du Hoop. — Signification de ce mot . .   10

III. — Origine du Hoop. — Son fonctionnement. — Sa disparition   12

IV. — Droits et priviléges de la Flandre maritime dans la constitution et la modification du Statut des Enquêtes et du Statut du Hoop.   15

V. — Ressort de l'assemblée des Enquêtes et de l'assemblée du Hoop, au point de vue de leurs institutions constitutives   19

VI. — Attributions judiciaires.   22

TEXTES

I.

Loy et jugemens des hommes du baillage de Cassel, 1276 — 1280 — 1288 — 1289 — 1291 — 1292   26

II.

Statut des Enquêtes.   42

III.

Mont d'Hazebrouck   56

IV.

Statut du Hoop d'Hazebrouck   57

APPENDICE

A

A. Priviléges des villes et des châtellenies de la Flandre maritime, déposés à la Chambre des Comptes de Lille, le 20 février 1382, par ordre de Louis de Male. . . .   93

B.

B. Changements introduits par le comte de Flandre dans les lois de Bruges et des autres villes de Flandre . .   104

www.ingramcontent.com/pod-product-compliance
Lightning Source LLC
Chambersburg PA
CBHW070527100426
42743CB00010B/1983